MEITI RONGHE QINGJING XIA DE
GUOJI XINWEN BAODAO YANJIU

媒体融合情境下的
国际新闻报道研究

原平方◎著

知识产权出版社

全国百佳图书出版单位

—北京—

图书在版编目（CIP）数据

媒体融合情境下的国际新闻报道研究/原平方著. —北京：知识产权出版社，2023.11
ISBN 978-7-5130-8661-5

Ⅰ. ①媒… Ⅱ. ①原… Ⅲ. ①国际新闻—新闻报道—研究—中国 Ⅳ. ①G212

中国国家版本馆 CIP 数据核字（2023）第 004069 号

内容提要

国际新闻报道是认知世界的重要方式，关于国与国之间具有影响力事件的国际新闻报道在世界图景的建构中起着至关重要的作用。由传播技术所引发的媒介环境差异、不同语言的阻隔、传播主体与传播受众间的交流意愿和既有的不平衡性报道秩序无疑是影响国际新闻文本差异的重要因素。本书所涵盖的内容既涉及作为环境的媒介技术所催生的融合传播情境界定，又着重论述融合传播情境下国际新闻理念的变化与秩序重构，还对与以往传统媒体媒介环境不同的融合传播情境下的中国国际新闻报道特点和趋向进行了分析。

本书可为国际新闻专业课程的教学者、国际新闻报道的生产者及国际新闻信息的消费者提供一个有所助益的理解视角。

责任编辑：高　源　　　　**责任印制：孙婷婷**

执行编辑：肖　寒

媒体融合情境下的国际新闻报道研究

MEITI RONGHE QINGJING XIA DE GUOJI XINWEN BAODAO YANJIU

原平方　著

出版发行：知识产权出版社有限责任公司	网　　址：http://www.ipph.cn
电　　话：010-82004826	http://www.laichushu.com
社　　址：北京市海淀区气象路 50 号院	邮　　编：100081
责编电话：010-82000860 转 8598	责编邮箱：laichushu@cnipr.com
发行电话：010-82000860 转 8101	发行传真：010-82000893
印　　刷：北京中献拓方科技发展有限公司	经　　销：新华书店、各大网上书店及相关专业书店
开　　本：720mm×1000mm　1/16	印　　张：9.75
版　　次：2023 年 11 月第 1 版	印　　次：2023 年 11 月第 1 次印刷
字　　数：138 千字	定　　价：49.00 元

ISBN 978-7-5130-8661-5

目 录

第一章　引　言

国际新闻研究：融合传播情境视野

第一节　研究背景

"许多有才能的作家在编写美国新闻史的时候，大都从 17 世纪初出现的'科兰特'（caranto），即以刊载新闻为主的印刷出版物写起。"❶ 现代报纸的雏形出现于 1621 年夏天的伦敦，被称为"科兰特"。"最初的科兰特只刊印国外新闻"，当时欧洲大陆正处于三十年战争期间，这种原始的报纸主要内容就是报道战争新闻，新闻原则是"从荷兰出版的单页报纸上剽窃翻印"❷。第一份用英文印刷的日报《每日新闻》在 1702 年 3 月 11 日于伦敦问世，报纸的作者坚持公正不倚地报道事实，而不报道见解；他非常仔细地给报道加注了日期，"当看到一条新闻是从某个国家发来，并得到该国政府允许的时候，公众就更有把握去鉴别所讲事实是否可靠和公正"❸。这同样显示了报纸所登载的新闻来自国外，受众处于国内。报纸所登的广告用途也证明了这一点，"正是这笔广告收入使巴克利有可能对国外新闻进行精彩的报道"。考虑欧洲各国的疆域和欧洲大陆的整体性，报纸的发行和影响面向整个欧洲。例如，一份英国创办的报纸《旁观者》

---

❶ 埃德温·埃默里，迈克尔·埃默里. 美国新闻史［M］. 金琥，张黎，译. 北京：新华出版社，1982：12.

❷ 同❶。

❸ 同❶18。

"曾一度拥有六万名读者,甚至传到美洲"❶。美国最早的报纸出版人和新闻工作者本杰明·哈里斯由于触犯英国法律,于1686年流亡美国。四年之后的1690年9月25日,哈里斯在美国波士顿创办了被称为是美国第一份报纸的《国内外公共事件》,报道"国外和本地新闻"。❷欧洲邮政服务与新闻报道合并经营的传统也是国际新闻凸显重要性的客观条件。1692年,英国政府批准建立一个跨殖民地的邮政系统。1704年4月24日,英国国王任命的波士顿邮政局局长约翰·坎贝尔创办的第一份真正连续出版的美国报纸《波士顿新闻信》付印,来自美国之外的欧洲新闻众多,"不能一次刊用,便将多余的消息留作后用。结果,有些(欧洲)新闻往往数月之久方能到达读者之手"❸。出版原则是"为了公众利益,对所有的国外的和国内的事件进行真实的报道,而且防止对这些事件给予许多不真实的报道"❹。

　1792年8月27日,伦敦《泰晤士报》刊登广告为其国际部招聘工作人员,"靠政府散发新闻简报,或抄录外国报纸来传播国际新闻的老做法行将瓦解"❺,自此世界上最早的驻外记者产生。以后的二百多年里,西方的新闻机构依赖其驻外记者为其抢先报道世界上发生的重大政治事件,采编国际新闻,特别是战争消息,掌握国际新闻的发布权,借以影响西方舆论,由此展开了激烈角逐。19世纪,有线电报等通信技术的发明预示了一种有别于以往的依赖快马、信鸽、火车和汽船等交通工具的全新传播体系的出现❻,大大提升了国际新闻传播的速度。1835年,跨国界收集新闻的新式企业,世界上最早的通讯社——哈瓦斯通讯社组建成立。随后,主要

　❶　埃德温·埃默里,迈克尔·埃默里. 美国新闻史 [M]. 金琥,张黎,译. 北京:新华出版社,1982:18.
　❷　同❶31。
　❸　同❶31。
　❹　同❶36。
　❺　约翰·霍恩伯格. 西方新闻界的竞争 [M]. 魏国强,译. 北京:新华出版社,1985:3.
　❻　埃德温·埃默里,迈克尔·埃默里. 美国新闻史 [M]. 展江,译. 北京:中国人民大学出版社,2004:144.

提供国际新闻流通的美国联合通讯社（以下简称"美联社"），合众国际社（以下简称"合众社"），路透社，法国新闻社（以下简称"法新社"）等世界性通讯社纷纷成立。20世纪，两大美国通讯社——美联社和合众社的竞争，主要是为保证报纸的编辑与读者所得到的国内和国际新闻报道作准备。❶西方商业社会的信息沟通、英国殖民地之间的通信交流及美国独立战争中、美国成立后，报刊的发展一直是国际新闻赖以存在的现实基础。尤其是近代工业革命推动欧美经济、金融、贸易的国际化，统一的世界市场形成，各大洲、国家与地区之间的政治、经济联系需要彼此了解对方的新情况、新变动。应该说，二百多年来，西方的国际新闻报道记录了许多重大的政治事件，是历史的见证。西方新闻界的竞争就是国际新闻报道的竞争，国际新闻的重要性由此可见。

国际新闻的传播需要借助现代化的媒介，现代化的媒介则加速了国际新闻的传播、推动了国际新闻的改变。对于美国新闻史的研究，按照方法和视角，较为常见的是两类❷：描述性研究和解释性研究。描述性研究是早期美国新闻史的主要手法，基本按报刊、广播、或电影媒介的产生、发展和演进的脉络，收集考证新闻史料、描述新闻事业发展的过程，以史料翔实、描述丰富取胜。但描述性研究，限定在印刷媒介、电子媒介或突出的人物，未能深入探究或解释现象背后的规律或本质。新闻史的描述性研究从开始的以媒介为中心，渐渐引向以媒介与社会情境的关系为重点的研究。解释性研究重视新闻事业发展变化的情境和原因，力图从当时的政治、经济及社会变革的大情境中解释新闻事业的走向，强调媒介产生、发展和演进的原因。20世纪70年代以来，美国新闻史的研究逐渐融合传播社会史的思路。而传播社会史强调的一项重要内容就是情境（意识形态的、政治的、经济的、社会的）作用，强调情境的影响。以传播媒介为切

---

❶ 埃德温·埃默里，迈克尔·埃默里. 美国新闻史［M］. 金琥，张黎，译. 北京：新华出版社，1982：391.

❷ 同❶3。

入点研究和考量世界历史，加拿大的伊尼斯是第一位。在伊尼斯看来，人类文明史应改写成传播媒介史，传播领域的重大变化和技术革新普遍而深远，媒介的重要性贯穿了人类社会的全部历史。步伊尼斯的后尘，曾经预言"地球村"到来的麦克卢汉把人类历史分为三个阶段：口头传播阶段、印刷传播阶段和电子传播阶段，这一划分随着 20 世纪 90 年代网络时代的崛起和信息时代的到来已然影响甚著。"媒介的变革是整个人类文明进程的核心""在机械时代，我们把自己的身体扩张到了空间。如今，在电子技术的发明已经过去了一个世纪，我们已把自己的中枢神经扩张到了地球的各个角落，在我们这个地球上，已不存在空间和时间"。[1] 1980 年增田米二所首先提出的"信息社会""计算机乌托邦"也初步得到了实现，"在地球上未来即将出现的社会是每一个市民都在追求可能性、按照自己的目的和志愿行动，能让自我实现的要求得到满足的社会，并且，是一个不同的市民在共同的目标和理念下自主参加的多中心的自主共同体在世界上同时出现的地球社会。"这是托夫勒在《第三次浪潮》（1980 年）所刻画的充满志愿者精神的"新人"姿态：未来的学校和公司将发生根本的变化。新出现的文明将向我们制定新的行为准则，并且推动我们越过标准化、同步化和集权化，不再有能源、金钱和权力的集中。2006 年，美国《时代》周刊封面年度风云人物是一个白色的键盘和一个计算机显示屏，显示屏的正中央是黑体的"YOU"。新的传播情境与传统媒体构建的传播情境相比，最大的不同也许是它有条件让每一位置身其中的个体或社群成为信息舞台上的主角。

理论层面而言，早在 1969 年，学者兼政治家布热津斯基通过分析计算机的融合、远距离信息传播和电视来预测"技术电子革命"影响下的不同集团时，就曾经论述：信息和传播网络的扩张将加快世界同一化的趋势。当代国际信息哲学的倡导者和创始人，意大利著名学者费罗里迪教授在 2008 年 9 月 23 日在中国社会科学院的名为"理解信息革命：第四次革命"

---

[1] 佐藤卓己. 现代传媒史［M］. 诸葛蔚东，译. 北京：北京大学出版社，2004：232.

讲演中断定：我们正在经历一场范围广泛且影响深远的信息转向，这是一次堪与哥白尼革命、达尔文革命和弗洛伊德革命相比较的人类文明史上的第四次革命，它正在继续对人类的社会模式和生活产生深远的影响，人们的交往方式及社会和文化形态都发生了巨大的变化。弗里德曼则在其畅销书《世界是平的》开篇中便详细论证了世界是怎样抹平的，正是借助于网络等一系列新媒体的力量，一个不断全球化的世界于是得以呈现。网络技术使得传播过程下移，传播准入门槛降低，由以前高高在上的、有一定资金和能力的组织传播下移到每个人，每个人在理论上都可以成为传播者。也就是说，互联网技术不仅为国际新闻传播提供了技术保障，更重要的是赋予个体从世界各地接受信息的可能性和国际新闻传播能力，当传播权力不再属于某个特权阶层，当跨境传播不再局限于国家行为，众声喧哗的融合情境传播就对传统的国际新闻传播格局构成了冲击与挑战。

在现实层面上，推特（Twitter）等社会化媒体具备了强大的新闻传播功能，如 2008 年 11 月印度孟买发生恐怖袭击，2009 年摇滚巨星杰克逊猝死均由 Twitter 首先发布新闻。2009 年的伊朗大选，Twitter 也成为游行示威的重要召集平台；2011 年，席卷中东的"阿拉伯之春"中，以维基解密及 Twitter、脸谱网（Facebook）为代表的社交媒体则进一步彰显了跨国家、跨地域，同步实时传送，零时差共享的巨大新闻传播与组织能量，极大动摇了传统媒体的主导传播地位。新媒体的信息传播功能在突发事件的发生中得到彰显，个体和社群所构成的微议程也对传统媒体的议程设置功能形成了冲击与挑战。新媒体传播也逐渐在专业领域得到承认。据美联社 2012 年 4 月 17 日报道，著名网络媒体《赫芬顿邮报》首次获得 2012 年美国新闻界最高奖项普利策奖。此外多以网络形式呈现的媒体《政客》（Politico）获最佳政治漫画奖。普利策奖评审作品史无前例地接受数字形式的内容，呈现了媒体内容数字化的趋势，更凸显了新媒体在新闻报道中越来越重要的作用，正如普利策管理委员会的西格·吉斯勒称，社交媒体出现在本次普利策奖多个类别中，尤其是即时、突发性报道中。传统媒体在报道突发性新闻时也必须借助整合网络及社交媒体以发挥作用。

传统媒体在这一新情境下开始转向新媒体。2011 年 2 月 14 日，美国广播理事会（BBC）向国会提交 2012 年年度预算，宣布从 2011 年 10 月 1 日起，全面停止美国之音（VOA）中文短波、中波及卫星电视广播；2011 年 3 月 25 日，英国广播公司（BBC）宣布关闭其中文短波广播。2012 年美国之音的预算不仅没有减少反而比 2011 年增加近 100 万美元，微增 2.5%，达到 2.069 亿美元。英美关闭短波广播，资金短缺显然不是最重要的原因，而是要把钱用在那些能产生效果的传播媒介上：如美国将对华传播的重点方式由广播转为网络平台基础上的新媒体；而 BBC 则将网站和网络音频推动视为重心。新媒体对中国传播影响日盛，已成为新媒体用户世界第一大国，受众的媒介使用习惯随之发生变迁，VOA 才决定利用新媒体技术来继续和加强自己的影响才将战略重点转向互联网。正如美国广播理事会委员温布什所言，"我们将重点放在数字领域，是因为互联网才是我们真正想要接触的受众活跃的地方"。美国广播理事会颁布的《应对创新与融合的影响——2012—2016 年战略规划》更是特别强调要扩大互联网、社会化媒体及手机的使用，包括流行的社交网站、手机网站，以及视频音频播客和博客、微博等形式。同时，跨国传媒集团也正在积极实施新媒体战略。2005 年，新闻集团以 5.8 亿美元买下 MySpace，其公司的优先战略就放在了扩张网络市场。全球范围内来说，根据国际电信联盟（ITU）的报告《2010 年的世界：信息与通信技术现状》，截至 2010 年年底，全球网民总数会突破 20 亿人大关，发达地区和发展中地区的网民普及率将分别达到 71%、21%，在家上网的网民比例分别为 65%、13.5%。区域性差别明显表现为：欧洲网民普及率已达 65%，北美 55%、独联体 46%、阿拉伯国家 24.9%、亚太 21.9%。与此形成鲜明对照的是，移动通信和移动互联网已覆盖了全球 90% 以上的人口，2010 年年底则达到了 53 亿人左右，发达地区的普及率已达 116%。根据全球传播集团——优势麦肯公司 2010 年的研究报告《网迷力量：社会媒体的全球影响力研究》，每天有

15 亿人访问社交媒体网站，96% 的年轻人已加入社会媒体，美国 Facebook 周流量已经超过搜索引擎谷歌，YouTube 也成为全球第二大搜索引擎。社会媒体的快速传播已经使得个人之音（word of mouth）变成了世界之音（world of mouth）。

以数字化和交互性为特征的新媒体兴起后，互联网和新的通信技术为个体赋权，个体的传播权力得到伸张，距离在传播中不再起决定性作用；传播的地域限制消解，传统媒体的信息把关和议程设置功能减弱，即时信息成为可能，受众在场感增强，传统媒体和新媒体共存共融、传播权力分散又互为补充，个人语境和多种借助于媒介的传播共同构成融合传播情境。梅洛维茨认为，当一个新的因素加入某个旧环境时，我们所得到的并不是旧环境和新因素的简单相加，而是一个全新的环境。同样依据梅洛维茨的"媒介—社会"影响理论："新媒介—新场景—新行为"，全新的融合传播情境也会对国际新闻理念、传统媒体的国际新闻采集与报道方式、传播权力及跨国跨文化传播等造成影响。因此，本书试图在国际新闻研究方面从理念变迁与秩序重构两个方面从以下问题展开：①融合传播情境下国际新闻的理念会发生哪些改变？②融合传播情境下国际新闻传播秩序会有什么变化？③融合传播情境下中国国际新闻传播的特点与趋向。

第二节 研究意义

本书的研究意义体现在理论价值与应用价值两个方面。

理论价值体现在，以法国福柯的"知识考古学"和德国齐林斯基教授的"媒体考古学"的观念为基础和切入点，探讨国际新闻的内容生产与媒介发展之间的关系，是一种比较新的理论视角。[1] 作为一种方法论体系的

---

[1] 原平方. 从知识考古到媒体考古：一种范式的继承和应用［J］. 中国报业，2012（03X）：2.

"考古学"的概念首次提出于福柯的《精神疾病与人格》一书。后来，福柯逐渐意识到建立考古学方法的可行性。借助考古学分析，福柯认为人文科学知识的产生受制于"话语构成"，各门人文科学事实上均在无意识中受制于话语规则，而探讨其怎样受制和如何应对在理论上和时间中就成为考古学所关注的主要议题。按《知识考古学》中明确表达的看法，考古学方法的目标是要确定人文知识的话语构成，也就是这些知识在某一特定时期无意识遵循的一些话语构成规则。福柯进一步指出，一门学术领域其实就是一套话语的组合，其中知识结构并没有严格组织，而是一批陈述的离散体系，它们并不一定指涉相同的对象，也没有相同的主题，只是因某种机缘而加入这一学术话语体系。在这个意义上讲，考古学的目标即是要确定人文知识的话语构成，也就是这些知识在某些特定时期无意识遵循的一些话语构成规则。《媒体考古学》一书的论述正是围绕此中心概念而展开，重新审视和深度挖掘历史文献和材料并对中心权威提出质疑，或许可以说，媒体考古学正是按照知识考古学所建构的知识体系的一次实证和范例。国际新闻的内容生产和其做依托的媒介也是这种关系的间接反应。

　　沿着语言学和加拿大媒介环境理论的研究思路，把"媒介和人类之间的互动给予文化以特性的方式"作为研究重点，对于融合传播环境下国际新闻的理念与传播问题进行分析，理论和实践相结合，意图提升国际新闻的研究深度和研究层次。媒介环境理论强调，"媒介即隐喻，媒介用隐蔽而强大的暗示来定义现实世界"❶，媒介集中体现传播技术和信息技术，媒介所创造的环境改变了世界和人类自我原有的生存和发展模式，改变了人类对世界的认知图式，使传统社会发展的根基发生了某种程度的动摇。卡斯特认为，信息技术革命重组着社会的方方面面，它使社会再结构化，改变着我们社会和生活诸方面的形态，其显著标志就是信息时代或网络时代的来临。在一组相互连接的接点构成的网络当中，个体的声音得到彰显，中心却逐渐淡化，传统意义上的主导话语权地位受到了强烈冲击，长期被

　　❶ 王冰. 北美媒介环境学的理论想象 [M]. 北京：光明日报出版社，2010：3.

边缘化的"沉默的大多数"得到了发言的机会，在一个众声喧哗的网络社会里，国家、民族及个人第一次实现了平等对话和平等交往的可能，哈贝马斯所谓的公共领域和多元化社会也有了实现的基础与平台。❶ 同时，传统媒体所构建的传播情境和新媒介所创造的虚拟化场域及个人之间的"距离感"的差异性进一步缩小，媒介的各种图景不仅存在于媒介本身的区域，还与现实的各种现象融合，影响国际新闻的理念、报道方式，影响大众的认知，成为人类媒介化生存状态的自我呈现。

应用价值体现在本书梳理了传播情境的历史演变，明确了融合传播情境的形成及特点，并区分了融合传播情境与新媒体环境的概念差异，以新媒介为主体构建的融合传播情境与传统媒体建构的传统传播情境的不同；世界体系中传媒公共性的外延扩张和国际新闻理念本身受到的冲击和所发生的变化；传播主体的权力版图重构和国际新闻工作方式的改变。本书认为，国际新闻的传播主体正从政府、传统媒体组织等向政府、媒体组织、非政府机构和大众个体传播的多重格局演变；国际新闻的工作方式对于与众包及众筹的新闻采集方式越来越依赖，对于新闻的甄选越来越突出；在全球化与世界体系中，国际新闻传播正从新闻向信息转变，从注重国际新闻的宣传性到注重政治传播的方向转变；跨国跨文化的新闻伦理需要重新审视和构建；国际新闻中微议程的出现也使得传统媒体的议程设置功能和地位受到挑战。就中国国际新闻的传播来说，国际新闻中专业主义的回归逐渐明显；政府主导和政府本身的角色亟待调整；受众主体突出、政治传播的趋向使得公民社会渐成雏形。因此，在对外传播的战略层面上，要确立人的主体地位，依靠政府、传媒组织、非政府组织及个人进行传播，与内部公民社会建设协调共进，把握对外传播的主体意识和外部认同的张力关系。在对外传播的策略上，传播主体要有进一步的完善和国家理念调整，综合运用不同类型的传播媒介与手段，准确把握融合传播前景下中国在国际体系中的位置，做到传播内容上国家利益与全球关怀的有机结合，

---

❶ 原平方. 从知识考古到媒体考古：一种范式的继承和应用［J］. 中国报业，2012（03X）：2.

达到功能对等的传播效果。宏观的理论探讨为具体的传播策略提供指导，传播策略则以其实用性和可操作性和可执行性来落实传播战略，二者形成中国国际新闻的特点与趋向，共同为中国的对外传播实践提供参考和借鉴。

第三节　研究现状

国内外对于国际新闻的研究，以 2008 年为界限（以 2008 年为界限，是因为刘笑盈教授已就 2008 年之前国际新闻学著作做过比较详细的介绍）。2008 年前及 2008 年关于国际新闻的相关著作主要有：2008 年，蔡帼芬、刘笑盈在《事实与建构：国际新闻的理论与实践》中涵盖了国际新闻学研究体系理论和实践两部分，理论部分主要探讨国际新闻报道或传播理念的历史发展与理论意义，实践部分主要由调查报告和业务研究组成；约翰·C. 梅里尔在 *Global Journalism：Topical Issues and Media Systems* 中回顾了当今国际新闻热点及存在问题。国际新闻与传播实务方面的有：2004年，马胜荣的《国际新闻采访与写作》，刘洪潮的《怎样做驻外记者》；2005 年，刘洪潮的《怎样做国际新闻编辑》，江爱民的《国际新闻的采访与写作》，约翰·帕夫利克的《新闻业与新媒介》；2006 年，仇东方的《英国媒体的新闻价值观：以 9·11 报道为例》主要考察英国主流媒体的新闻价值观；2007 年，刘洪潮的《国际新闻写作》。国际新闻历史方面的有：2003 年，蔡帼芬、徐琴媛的《国际新闻与跨文化研究》较早涉及了国际新闻的跨文化传播领域；2006 年，程曼丽的《国际传播学教程》则从国际传播的角度对国际传播现象的进行观察、分析、总结，并归纳国际传播活动的一般规律与特征；2007 年，刘笑盈的《中外新闻传播史》，程曼丽的《外国新闻传播史导论》。

2008 年以后，国际新闻的相关著作主要有：2009 年，赫伯特·甘斯的《什么在决定新闻：对 CBS 晚间新闻、NBC 夜间新闻、〈新闻周刊〉及〈时代〉周刊的研究》，迈克尔·舒德森的《发掘新闻：美国报业的社会史》着重于国际新闻的内容生产；2010 年，刘笑盈的《国际新闻学：本体、方法和功能》建构了国际新闻理论的方法论体系，戈兰的《全球化时代的国际媒介传播》主要考察全球化如何在多方面重新定义国际传播，何明智的《国际新闻与世界图景的建构：CCTV-9 "环球瞭望" 和 CNNI "世界新闻" 比较研究》从现实的社会建构理论视角出发，对中美两国国际传播领域的代表性媒体——CCTV-9 和 CNNI 的国际新闻进行对比，探讨了二者以参与者和旁观者的角度构建的不同图景，将国家形象的研究置于世界图景之中。国际新闻业务方面的有：2010 年，马胜荣的《国际新闻采编实务》，克雷格的《网络新闻学：新媒体的报道、写作与编辑》；2011 年，江爱民的《国际新闻报道》，约翰·欧文、希瑟·普迪的《国际新闻报道：前线和时限》为媒体从业人员所写，专注于国际新闻报道的细节，主题是记者面临的创伤和危机，贝尔萨、巴斯内特《国际新闻翻译》主要审视通讯社特别是全球新闻领域中最权威的新闻机构如路透社、法新社和国际新闻社的广泛考察，指出翻译所面临的新压力在于精确的信息在不同地域、语言和文化之间顺利传播这一需求正日趋重要，李金慧的《中国网络国际新闻报道研究》总结了传统的国际新闻报道体裁在网络中的运用及网络促进的新传播手段给国际新闻报道形式带来的变化，王伟的《看懂世界格局的第一本书：今天起不再怕看国际新闻》从政治经济和地缘政治的角度对国际新闻加以回顾和剖析，是了解国际新闻的普及之作；2012 年，戴雨果、李希光、曾荣的《如何应对西方记者：发言人及新闻官国际工作手册》主要从西方媒体的新闻理念、西方记者的新闻价值观、记者的动力或动机、故事的建构、媒体公关和危机处理的若干建议，媒体运作清单等方面进行阐释，为新闻发言人提供最前沿的理论与实践成果。

国内外关于网络对于社会的作用及新媒体传播的书有：2008 年，曼纽尔·卡斯特的《网络社会的崛起》，田智辉的《新媒体传播》主要分析新媒体环境下传播形态的变化动因、变化形态，以及由此引发的传统媒体的应变策略等理论和现实问题，突出了新媒体用户制作内容的特点；2011年，马为公、罗青的《新媒体传播》勾勒了新媒体传播的发展背景、趋势、产业结构、评价体系及国际媒介集团的新媒体实践案例，从传播创新的角度总结了新媒体全球传播的发展规律；何威的《网众传播》考察新媒介生态环境中的媒介（数字媒体）、人（网络化用户）与社会（中国社会）三者间充满张力的互动关系；2012年，栾轶玫、李从军的《新媒体新论》主要是对新媒体内容生产、新旧共融与社会变迁关系作了简单介绍。

关于国际新闻传播的相关论文涉及的主体主要有：一是对于媒介的比较研究，以加拿大通讯社和美联社为例，考察全球通讯社与国家通讯社的张力及国内国际新闻报道的关系；二是对于国际新闻的内容研究，主要集中于全球化背景下国际新闻是否同质化的讨论和对于国际新闻的话语及框架分析；三是互联网对于国际新闻的影响，主要关注新的传播渠道是否改变了传统传播模式和信息流向的问题；四是国际新闻的效果与使用，主要关注国际新闻的议程和教育作用，媒介报道与公共意见关系的研究，认为负面报道更具有议程设置效果。另有学者认为传统媒介接触很难告诉人如何看待其他国家；五是对于媒介报道与公共舆论及外交关系的研究，主要分析考察国际新闻的流向及其决定因素，并涉及了国际新闻背后的经济因素；六是对于国际新闻的跨文化特征研究，主要考察文化的洲际差别，国家的道义品行及记者所处城市的社会结构等层面分析文化的影响。

从传播学角度分析，传播学一般把传播分为自我传播、人际传播、组织传播、大众传播及国际传播四种。在梅洛维茨看来，传播分为面对面的传播和有中介的传播。面对面的传播即现实生活、人际互动。有中介的传播就是借助媒介的传播。口头传播情况下不同语境规定了交流的不同类型与方式。在分析社会交往、面对面的交流时，戈夫曼引入了表情的概念。他认为，表情指具体场景中人具体的行为，表情不能提供有关事物的明确

"说明"或"观点"，但能提供表达者的态度和情绪，不同语境规定了交流的不同类型与方式，表情是语境的一部分。表情的功能在于形成基本印象，传播的功能在于提供重要事实；表情显示个人私下的感觉，具有后区偏向特征；传播易于把控和掌握，具有前区偏向功能。梅洛维茨认为，印刷媒介仅包含传播，而大部分的电子媒介也传递了个人的表情，印刷媒介具有前区偏向特征，电子媒介具有后区偏向功能，正是印刷媒介与电子媒介的主要区别。如果说口头传播是面对面带表情的交流或传播，印刷媒介时期是去除了表情的传播，电子媒介时期和现在的新媒体时期则又恢复到了带有表情的传播。结合戈夫曼的场景理论和麦克卢汉的媒介理论，梅洛维茨提出了媒介情境理论：电子媒介影响社会行为的主要在于表演社会舞台的重新组合，场景的组合改变角色的行为模式并改变社会现实的构成，观众变化的同时，社会行为也会变化。电子媒介打破了物理空间和社会场景的传统关系，创造了新的场景，包括物理场景和由媒介所建构的信息场景。传播的这种"U"形发展轨迹和互动性在人类传播过程中的发展趋势类似。口头传播时期，传播的互动性最高；以报纸、广播电视为代表的大众传播阶段，互动性相对来说最低；互联网的发明、新媒体的出现使互动性重新出现。梅洛维茨研究的媒介情境与戈夫曼的媒介场景区别在于，戈夫曼主要关注固定的交流场景，梅洛维茨则重点研究流动的媒介情境，并且梅洛维茨也强调了电子媒介情境会促使人的行为中区化。由此可见，传播情境就是功能语言学研究的"社会语境"、戈夫曼的交流场景和梅罗维茨所说的媒介场景。托夫勒认为"情境"几乎涉及与人发生关系的整个外部环境或外部世界。因此传播情境主要涉及了传播主体、传播场合与途径、传播活动的范围和主题三类。目前的国际新闻传播正是各种媒介交相互融；汇合了表情与互动、结合了人际传播与大众传播的新传播情境。国际新闻如何在这样全新的情境中采集与报道，信息资源怎样整合与配置，以及中国国际新闻的传播问题正是本书关注的重点。

第四节 理论框架

一、语言学中的"语境"及考夫卡、布迪厄的"场"理论

文本的意义建构是在传与受双方的互动合作中得以完成。接受美学同样认为，文学作品由文本和读者两者构成，读者对文本的意义建构要受到文本与语境两个方面的制约。作为语言的媒介是控制公众思想与行为的有效手段，而且是干预社会进程的重要工具。所以文本的制作者、传播者总是竭力追求同质性的意义解释而合理设置语境。传统意义上的"语境"是指语言符号的使用环境，后来泛指语言符号和非语言符号发挥作用时的境况。语言学上的"语境"与传播学上的"传播情境"十分接近。传播情境是对特定的传播行为直接或间接产生影响的"外部"事物、条件或因素的总称。狭义上，传播情境包括传播场景（时间、地点、何人在场等），传播主体与传播渠道的特征，传播行为发生的"背景"等。广义上，传播情境还包括传播主体所处的群体、组织、制度、规范、语言、文化等较大的环境。❶"场论"这一术语指的是第一次世界大战前后德国心理学分裂出来的一个学派分支，该分支从物理学中借用了"场"的概念。"场"是由人和周围的环境组成。坚持"场论"的学者认为应该从相互联系的因素之间的动态的相互作用方面、而不是相互分离的要素之间的关系方面考察问题。"场"来源于《格式塔心理学原理》中"心物场"的概念。格式塔心理学的代表人物之一考夫卡认为，世界由心物构成，经验世界与物理世界不同。观察者知觉现实的观念称作心理场，而被知觉的现实称为物理场。心物场在认识世界时包含两极，即自我与环境。其中环境又分为地理环境

---

❶ 周永秀，毕研韬. 言外语境与文本解读 [J]. 理论界，2007（11）：2.

和行为环境，地理是现实中的环境，行为环境则是意想中的环境，人的行为直接产生于行为环境。❶ 新媒介构建的正是这样一个完全不同于传统媒体环境的"行为环境"，新闻及其他行为直接受到行为环境的影响。社会学"场景主义"的代表人物梅洛维茨和戈夫曼认为，媒介并非仅仅是两个或两个以上环境的人们之间交流的手段，他们本身就是环境。在梅洛维茨看来，大众需要了解媒介的变化怎样是改变社会环境，同时也要知道社会环境的变化可能对行为的影响。这种媒介环境在法国学者布迪厄看来就是一种类似"电视场"或"新闻场"的"媒介场"。网络媒体出现后，由于技术革命，新媒介为人们所呈现的信息环境大不同于传统媒体，公众身份凸显、自由发表言论及传递信息；网络去除时间限制、即时传播的功能也突破了地理疆域，为信息与意见的形成创造了一个崭新的时空。同时，融合传播环境中传受双方的角色转换、自由互动及传播为网络中的新闻传播与信息传递提供了一个相对理想的行为环境。

二、卢因的"场论"——社会场与融合传播情境

卢因的"场论"强调人的行为动机和原因，探寻决定人行为的背后力量。卢因认为，一切行为都随着个体和环境（主要指心理环境）的变化而变化。即使处于同一个物理环境，不同的人具有不同的心理环境；同一个人在不同条件下，心理环境也会不同。卢因"场论"的启示意义在于新媒介构建的传播情境同时存在一个心理场，即心理环境，不同个体与不同社群间的心理场因时因地而不同，网络上的情绪性意见也因此而崛起。布迪厄认为，社会场域由诸多不可化约的社会小场域构成，各场域都具有自己的自主性，涵盖三个必不可少又内在关联的环节：一是必须注意与权力场域相对的位置；二是必须勾画出行动者或机构所占据的位置之间的客观关系结构，不同关系结构中的行动者所拥有的社会资本不同。权力存在差

---

❶ 库尔特·考夫卡. 格式塔心理学原理 [M]. 黎炜，译. 杭州：浙江教育出版社，1997：6.

异；三是需要分析行动者的惯习，即个体的性情倾向系统，行动者或传播者通过一定类型的社会条件和经济条件予以内在化的方式形成这种性情倾向系统。❶ 应该说，布迪厄主要关注社会"关系"空间中人的行为，社会空间是布迪厄"场域"的代名词。布迪厄对于社会学的贡献在于为人们提供了一种"看待社会世界的新方式"，运用场域理论和场景理论研究国际新闻的传播行为，需要在全球化语境下，结合政治、经济、文化乃至新媒介的特征进行综合分析，如果说融合传播情境中的心理场属于微观范畴，媒介场属于中观范畴，社会场解读则属于比较宏观的研究。可以说，融合传播情境是心理场、媒介场和社会场三场交融的一种全新环境，它不单是指具体的时空环境，更是一个糅合了行为环境、心理环境与社会环境的复杂环境，既影响国际新闻传播的主体与客体的心理活动，也影响国际新闻的具体传播行为和过程。这对国际新闻研究来说是一个比较新的视角，也是一种比较新的研究路径。

第五节　研究方法

"理念变迁与秩序重构：融合传播情境下的国际新闻研究"包含理论价值与实践运用双重目标。因此，研究既运用了质化的方法也运用了量化的方法。

一、文献研究

主要用于对一些基本概念、基本理论的借鉴、分析和批判性研究。文

---

❶ 皮埃尔·布迪厄，华康德. 实践与反思：反思社会学导引 ［M］. 李猛，李康，译. 北京：中央编译出版社，1998：132.

献研究主要是对收集到的相关资料进行整理、分类、识别、分析、比较和归纳，以便从前任的研究成果中借鉴参考，并在此基础上拓宽研究视野和寻求创新。

二、案例研究

案例用来对融合传播情境下国际新闻研究中理念变迁与秩序重构两方面假定存在的联系进行佐证与诠释。在案例具体运用中，既有单一案例的呈现，也有在多案例研究的基础上进行的概括分析。

三、比较研究

采用比较研究的目的是把新媒介构建的融合传播环境纳入历史背景中，并同传统媒介环境对比，以求揭示二者传播现象的异同点，并探求新传播情境中国际新闻的本质及传播规律。

四、内容分析

在研究融合传播情境中的国际新闻案例推寻结论或诠释时，内容分析是常用的手段，能揭示隐藏在文本背后的信息。同时，对于一些已出版资料的重新整理，也是内容的二次分析。

第六节　研究创新

在"理念变迁与秩序重构：融合传播情境下的国际新闻研究"中，主要创新有以下三点。

一、理论创新

结合梅洛维茨的"场景主义"和"场域理论"作为理论框架对融合传播情境下的国际新闻传播的动因进行解读，并限定在理念变迁和秩序重构两个层面，缩小范畴，论证尽量落实到实处，是对国际新闻研究的一次全力尝试。

二、方法创新

在对融合传播情境中的国际新闻现象进行研究时，深入新媒介的传播形态、传播特点及传播影响，并同传统传播情境进行对比，探究较为深入。

三、角度创新

研究尝试对于国际新闻的传播行为及其动因做系统性的基础研究，是对当前国际新闻研究理论环节的一次努力，在角度上有所创新。同时也对中国国际新闻的传播机制建设提供了一定的参考依据。

第二章

融合传播情境概述

第一节　传播情境的流变与凸显

一、作为媒介的语言和语境

从微观层面上来讲，语言（无论是口头语言还是书面语言）是众所公认的人类交际工具和媒介，语言总是在一定的交际环境中进行，同时也可以构成交际环境，并成为交际环境的一部分。于是英国人类学家马林诺夫斯基在 1923 年提出了语境概念，即语言交际环境或言语环境，也就是语言符号的使用环境，包括语言因素和非语言因素。语境为交流活动提供场所和舞台背景，不同语境规定了交流的不同类型与方式，很大程度上对于话语的语义和形式的组合及语体风格等具有影响和制约作用。对于语境实施系统研究的语言学家常常以二分法区分语境，一种说法认为语境分为"语言性语境"和"非语言性语境"。语言性语境指交际过程中某一话语结构表达某种特定意义时所依赖的各种表现为言辞的上下文，既包括书面语中的上下文，也包括口语中的前言后语；非语言性语境指交流过程中所依赖的各种主客观因素，涉及时间、地点、场合、话题、交际者身份、地位、心理背景、自然环境、文化背景和社会背景等。1975 年，布拉格学派的创始人之一、俄国语言学家罗曼·雅各布森发表《语言学与诗学》一文，其核心观点是"信息"不可能提供交流活动的全部"意义"，一切交流都包含六个要素：一个说者，一个受话者，一个传递于二者之间的信息，一组使这一信息可以理解的双方共享的代码、一个"接触器"亦即交流所依赖的某种物质媒介及一个信息所指涉的情境。● "意义"存在于全部交流行为之中，交流的所得，有相当一部分来自语境、代码和接触手段。雅各布森认为，意义并非自由自在地从发送者传递到接收者的稳定不变的实体，传递（交流）过程中六种因素永远不会处于绝对平衡的状态，其中总有一个因素功能独特、在诸因素中多少居于支配地位。事实上，在雅各布森构建的交流模式中，（交流）语境居于首位。雅各布森认为，我们可以有各种象征的图像、图像的象征等，但在符号中占支配地位的方式的本质最终取决于它的语境。由于信息必须涉及说话者和受话者都能理解的语境，因而正是语境使信息"具有意义"。不约而同，美国人类学家爱德华·霍尔也坚持，意义与语境密不可分。霍尔还认为，在人际互动交流过程中，语境有高语境和低语境之分。所谓高语境交流指的是大多数信息或存于物质环境中，或内化在人的身上，预制程序的信息贮存在接受者身上和背景之中，需要经过编码的、显性的、传输出来的讯息只包含着极少的信息。低语境互动正好与之相反，大量的信息需要编入显性的代码、包含在传达的信息之中，试图把一切都说得明明白白，以弥补语境中缺失的信息。相比较而言，不同国家的文化也处在不同的语境层次上，日耳曼血统的瑞士人、德国人和北欧人是低语境交流系统，美国文化稍强一些，中国文化则是高语境交流的文化。语境的层次决定交际或交流的性质，它又是一切后继行为（包括符号行为）赖以存在的基础。●

　　功能语言学的另一种观点认为语境分为"情景语境"和"文化语境"，二者统称为社会语境。深受布拉格学派影响的系统功能语言学的创始人语言学家韩礼德教授进一步指出，情景语境有语场、语式和语旨三个主要面向。话语范围（言语交际过程涉及的范围）包括政治、经济、军事等；话

● 特雷·伊格尔顿. 二十世纪西方文学理论［M］. 伍晓明，译. 北京大学出版社，2007：95.
● 爱德华·霍尔. 超越文化［M］. 何道宽，译. 北京大学出版社，2010：79.

语方式（言语交际所依赖的渠道或媒介），即"讲话"和"写作"两种方式；话语基调指交流主体的地位、身份和相互关系。文化语境指某文化社区的成员阶段性、有目的社会过程。可见，不管是雅各布森还是韩礼德，功能语言学派都把（交流或传播）语境和借助的渠道或媒介区分并置，并强调了语境的重要性。因此，分析研究任何语言现象都必须与其所依赖的语境联系，以便确定语言片段真正的结构价值和意义。现代语言学从微观小语言向宏观大语言、由单纯科学型向社会人文型发展的趋势也间接证明了这一点，更多从社会文化的多角度、多层面考察研究语言及其运用，重视语言的社会功能和文化差异，强调在动态中联系使用语言的人及具体语境来研究语言。

　　几乎在研究语境的同时，现代语言学对于语言与思维的内在关系也作了深入的探讨。现代语言学认为，语言不仅是思维的工具，语言还积极而深刻地影响着思维过程本身。最早注意到这一点的瑞士语言学家弗迪南·德·索绪尔认为，语言是一套自足的符号系统，有其自身的结构功能和语法逻辑。语言并非思维的简单工具，而是往往左右思维。所有媒介都具有语言的这种性质。这就是后来人们所称"语言学转向"的肇始。1929 年，美国语言学家爱德华·萨皮尔继续阐发这一观点：人并不是独自生活在客观世界之中，也不是像平常理解的那样独自生活在社会之中，而是受着已经成为社会交际工具的那种语言的支配。认为自己可以不使用语言就能适应现实情况，认为语言是解决交际中具体问题或思考问题时偶然使用的工具，这是非常错误的。事实上，所谓的客观世界在很大程度上建筑在社团的语言习惯上。本杰明·李·沃尔夫在耶鲁大学协助萨皮尔从事研究的工作中发现，由于霍皮语的语法与印欧语言的语法不同，霍皮人对世界的看法与欧洲人也很不相同。1940 年，沃尔夫发表《科学与语言学》一文，全面阐述了语言决定思维的理论。萨皮尔认为：背景性的语言系统（即语法），不仅仅是表达思想的一种再现工具，而且是思想的塑造者。语法不同，形成过程也不一样，我们都按照本民族所规定的框架去解剖大自然。

这就是语言学界著名的"萨皮尔—沃尔夫假说"。后来针对此假说的实验（如 1953 年美国加州大学伯克利分校心理学教授苏珊·福沃德的日本移民实验和 2004 年哥伦比亚大学彼得·戈登等的亚马孙河部落实验）尽管没有完全证实，但也证明：语言的确影响人们的思维和认知，语言差异是人们思维差异的一个重要根源。

宏观层面而言，作为媒介的语言为历史研究的主客体提供了物质技术条件和基础。首先，媒介攸关历史本体的保存和呈现。真实的历史事件一旦发生，便不会重演，后人"所能接触的仅仅是这一事件的有关记载"。❶历史的认知往往会因为记载历史的媒介被发现而发生结构性的巨变。德国语言学家、哲学家恩斯特·卡希尔正是在这个意义上，把梵文及其文献的发现与哥白尼体系相提并论。卡希尔认为，梵语文学的发现结束了认为人类文化唯一中心只存在于经典的古代世界的错误观念。从此，古希腊、古罗马世界就只能作为人类文化领域的一个单独部分或一个扇面。❷伊尼斯最早洞察了传播媒介与历史之间的紧密关联，他认为：我们对其他文明的了解，在很大程度上，有赖于这些文明所用的媒介的性质。稍后的保罗·莱文森则以新大陆历史上维京战士的缺席为例证明了伊尼斯的判断。挪威人的探险由于口头传播的有限和难以持久归于湮灭，哥伦布的事迹却因为文字记载和广泛印刷撬动了改变世界历史的地理大发现。

从传播学发展的角度审视，被奉为传播学"四大奠基人"之一的哈罗德·拉斯韦尔在 1948 年提出了拉斯韦尔的 5W 模型，即"谁（Who）→说什么（Says what）→通过什么渠道（In which channel）→对谁（To whom）→取得什么效果（With what effects）"，明确了后来传播学的控制研究、内容分析、媒介研究、受众研究和效果研究五个基本内容，为当代传播学研究指明了方向。罗杰斯认为，（拉斯韦尔模式的）"5 个问题似乎假定：传播是时下的，是有意图的，信息单向地从信源流向接收者，没有反馈"，他们

---

❶ 李明伟. 知媒者生存——媒介环境学纵论 [M]. 北京：北京大学出版社，2010：6.

❷ 恩斯特·卡希尔. 国家的神话 [M]. 范进，等，译. 华夏出版社，1999：19.

把传播看作是一个行动，而不是一个过程。是单向的和有意图的，缺乏情境，旨在达到意想的效果。5 个问题使传播研究侧重于效果。❶ 这一指责不尽公允，事实上，对于传播行为和环境的关系，拉斯韦尔在《社会传播的结构和功能》一文中的"传播研究"小节里明确指出，（传播的）"每个环节都是环境因素和主管因素相互作用的漩涡"。既点明了传播的社会环境因素，又点明了传播的个体因素，而且涉及了"传播链"上的"每一个环节"。那么，既然拉斯韦尔注意到了传播中的环境、反馈因素，那拉斯韦尔模式为什么缺失了这些环节呢？最重要的原因是拉斯韦尔模式本身也受制于情境因素的制约，也就是说，拉斯韦尔模式并不等于拉斯韦尔的传播观念，这一模式本身就是一种国际传播的宣传模式。也是因为这一点，理查德·布雷多克为拉斯韦尔的"5W 模式"增加了传递信息的具体环境和传播者传播意图两个因素，从而发展出"7W"传播模式。赖利夫妇则从对社会学角度认识传播，把传播系统置于社会系统之中进行考察，认为"大众传播过程影响着更大的社会过程，同时又受到它的影响"❷。

二、作为文化环境的媒介与场景

基于对现代媒介的认识，一些学者越来越意识到媒介并不单纯是两个或多个环境之间传递信息的渠道，媒介本身更构成了一种环境。以传播媒介为切入点研究和考量世界历史，加拿大的哈罗德·伊尼斯是第一位。伊尼斯认为，对于传播媒介的控制是实施社会和政治控制的手段，新的媒介能打破旧的垄断。每种传播媒介都有一种偏向，或倾向于持续很长时间，或便于远距离传播，即媒介信息垄断和媒介偏向理论。因此，在《帝国和传播》与《传播的偏向》两书中，伊尼斯将人类文明史改写成传播媒介

---

❶ E. M. 罗杰斯. 传播学史——一种传记式的方法 [M]. 殷晓蓉，译. 上海：上海译文出版社，2005：233.

❷ 丹尼斯·麦奎尔，斯文·温德尔. 大众传播模式论 [M]. 祝建华，译. 上海：上海译文出版社，1997：2.

史，按照传播媒介的历史发展把世界史分为九个时期。值得注意的是，美国历史学家威廉·麦克高希也选择了"变革的文化技术"作为"历史时代的先导"，[1] 以此作为区分世界文明史阶段的标准。与此相对照，1988 年，邓小平预先提出了"科技是第一生产力的"判断。应该说，传播领域的重大变化和技术革新普遍而深远，媒介的重要性贯穿了人类社会的全部历史。伊尼斯去世后，马歇尔·麦克卢汉提出了感官平衡概念，认为媒介是人感知信息或处理信息的延伸，使用不同的技术会影响人类感知的结构。步伊尼斯的后尘，麦克卢汉把人类历史分为三个阶段：口头传播阶段、印刷传播阶段和电子传播阶段，这一划分随着网络时代的崛起和信息时代的到来已然影响甚著。卡罗瑟斯、哈夫洛克、瓦尔特翁等在对历史资料的大量收集和研究中佐证了文字和口述包含了两种完全不同的意识模式，间接表达了媒介是文化和意识主要塑造者的观点。梅罗维茨对此提出的批评认为，"他们观察及收集的证据是因为研究媒介环境和研究媒介信息的需要，但是他们没有形成一个清晰的观点来解释媒介怎样重塑某种行为"，他们遗漏的一部分内容是"没有真正想把对媒介特征的分析同日常社会交流的结构和动态性分析联系在一起"。[2] 社会学角度的社会场景理论和麦克卢汉的媒介理论为梅罗维茨的媒介情境理论提供了解释基础。

　　社会场景形成了语言表达及行为方式框架的基础，在不同的社会场景中，人们会有不同的举止，会受到所在的地方和参加者的影响。事实上，对于所处环境对人类行为的影响，早在中国《晏子春秋·内篇杂下》就有"橘生淮南则为橘，生于淮北则为枳"的记载，托马斯在《身处欧美的波兰农民》一书中则作了系统研究，认为我们构筑了社会场景，强调了社会因素或环境因素对人们社会行动的制约，只有把个人的主观态度和社会客

---

　　[1] 威廉·麦克高希. 世界文明史——观察世界的新视角 [M]. 董建中，王大庆，译. 北京：新华出版社，2003：69.

　　[2] 约书亚·梅罗维茨. 消失的地域——电子媒介对社会行为的影响 [M]. 肖志军，译. 北京：清华大学出版社，2002：20.

观文化的价值综合起来考察，才能充分解释人的行为。[1] 为考察环境与行为之间的关系，美国社会学家罗杰巴克尔曾用 25 年时间对堪萨斯的一座小镇进行考察，记录市民在各种语境和环境中的行为。传统的心理学家普遍认为，行为的环境是客体和事件置身于其中的舞台，是一个没有结构的、消极的、或然性的舞台，人们只是根据体内的程序在舞台上走动。巴克尔经过大量实证研究发现，人的行为环境由客体和事件构成；客体与事件虽然结构谨严，但未必排列有序，它们迫使人的行为与其动态模式保持一致。也就是说，研究人就需要将个人和其活动期间的环境联系起来，人们的许多行为受制于环境（受背景控制）的程度。"从行为背景来说，环境对环境里的人，绝不是随机输入的一个信息源泉，也不仅是固定阵列和流动模式的信息输入源泉。环境对输入的信息往往要施加种种控制：一方面，这些控制机制根据环境的系统要求调节输入；另一方面，它们又根据环境里人的行为属性来调节输入。"交流系统中意义（期待接受者所做之事）的产生由四个要素构成：交流、背景、接受者按预定程序作出的反映，以及情景。总体上讲，人在交流中所感知的信息受五种因素的影响：地位、活动、背景、经验和文化。

欧文・戈夫曼所展示的社会交往的一般场景是：一个人主动参与到许多不同的剧目中，人们不停变换身份和角色，学习并遵守一系列复杂的行为规则，努力维持其在每个场景的表演，同时不会威胁到他们在其他社会场景中的不同表演。所谓场景就是用于描述复杂的动态情境及控制该情境的规则。戈夫曼侧重研究面对面的交往，在这个意义上讲，"传播"其实就是"交流"，即使用语言或类似于语言的符号，有意识地传递"讯息"的行为。也因此，戈夫曼在社会交往分析中区分了"传播"和"表情"，表情提供表情器官的信息，但不能提供有关事物的明确"说明"或"观点"。从表情中得到的信息总是与表达者和信息发生的具体场景有关，也

---

[1]　W. I. 托马斯，F. 兹纳・涅茨基. 身处欧美的波兰农民 [M]. 张友云，译. 南京：译林出版社，2000：113-131.

就是说，影响行为的一个因素是由特定的交往地点及观众所决定，即"环境的限定"，但戈夫曼忽略了角色和社会秩序的变化，忽视了媒介对于他所描述变量的影响及作用，戈夫曼研究的是相对稳定的社会秩序、固定场景中人的行为。梅罗维茨对于戈夫曼和麦克卢汉关于媒介情境的阐述进行了批判性的吸收，认为新媒介的重要性不仅取决于其自身的使用和固有的特性，而且取决于它绕过早期媒介的使用及特性的方式，提出了"媒介—社会"影响理论，即媒介与社会行为的连带关系："新媒介—新场景—新行为"，更多讨论流动场景下或融合场景中具体行为的变化和新行为的产生，当一个新的因素加入到某个旧环境时，我们所得到的并不是旧环境和新因素的简单相加，而是一个全新环境❶。

由此可见，功能语言学研究的"社会语 40 境"正是传播学关注的媒介场景或传播"情境"，比较分析拉斯韦尔所说的"情境"、戈夫曼和梅罗维茨提出的媒介场景与功能语言学所强调的"社会语境"，可以认为传播情境是对特定的（交流）传播行为直接或间接产生影响的"外部"事物、条件或因素的总称。这与托夫勒对情境的界定正相吻合："对于情境，现在还没有简洁的定义……而且，情境和情境之间的界限虽然可能不清楚，但每一个情境本身又有某种'完整性'，某种'同一性'。"托夫勒认为：任何一种情境都可以用五个组成部分来加以分析，它们包括"物品"——由天然或人造物体构成的物质背景；"场合"——行动发生的舞台或地点；一批角色，这就是人；社会组织系统的场所；概念和信息的来龙去脉❷。"情境"几乎涉及与人发生关系的整个外部环境或外部世界。由于面对面的交流行为和有中介的传播是完全不同类型的交往，即现实生活和媒介。因此狭义上，传播情境包括传播主体、传播场景、传播渠道、传播对象的特征和选择、传播行为发生的"背景"等。在霍尔看来就是"在生活的过

❶ 约书亚·梅罗维茨. 消失的地域——电子媒介对社会行为的影响［M］. 肖志军，译. 北京：清华大学出版社，2002：16.
❷ 阿尔文·托夫勒. 未来的冲击［M］. 孟广均，吴宣豪，黄炎林，等，译. 北京：中信出版社，2006：30-31.

程中，哪些东西能被感知，哪些东西熟视无睹，至少要考虑五套迥然不同的事件范畴。这五套范畴是：主体（人的活动）、情境、人在社会系统中的地位、过去的经验及文化背景。简单来说，就是人、情景、地位、经历和文化"。❶ 广义上，传播情境包括传播主体、传播渠道所处的社会文化环境，如组织、制度、语言、文化、法律等。

按照情境语境的构成要素，传播情境大体分为三类：一是传播主体。传播主体即传者和受传者在特定传播情境中的角色扮演和表征。传播主体的首要属性是它的意识性和主观能动性。任何人，只要拥有一定的信息资源和发布意愿，借助一定的媒介，就可以成为传者。作为传播主体，传播者具有意识性和主观能动性的首要属性，传播者实施的传播行为带有明显的目的性、计划性和创造性。也就是说，传播主体能够自主确定认识指向和具体对象。同时，传播主体还具有作为"肉身"的自然属性和其他社会属性，依存于一定生存环境和社会关系中。马克思认为，人的本质是人的真正的社会关系。而在不同的场合或社会关系中，人会具有不同的身份或自动扮演适合自己的社会角色。"人际传播发生于有关系存在的环境里，他们（传受双方）进行交流的方式是由关系的约束所决定的。另外，关系还受到彼此怎样看待对方的约束。有些关系被人们认为着重于彼此扮演的角色。关系双方的相互行为既基于本人扮演的角色，也基于双方扮演的角色"。❷ 作为一种角色的传播主体一旦在社会职业系统中确定了传播主体的位置、界定传播主体的社会分工角色，同时也就明确了传播主体对于社会发挥作用的范围和手段。这些自然属性和社会属性包括传播主体的年龄、性别、职业、性格、身份、经历、立场、知识修养、相互关系、心理需求及传播意图等。传播关系中传受双方或一方显示或暗示的身份和地位（人际关系），一定程度上决定了人际传播的内容和方向。在人际传播关系

---

❶ 爱德华·霍尔. 超越文化［M］. 何道宽，译. 北京：北京大学出版社，2010：79.
❷ 迈克尔·E.罗洛夫. 人际传播：社会交换论［M］. 王江龙，译. 上海：上海译文出版社，1997：22.

当中，交往双方都在有意无意发送两种信息，一种是实在的、外化的、可以感知的内容信息，一种是"关系信息"。关系信息通常没有显在的形态，或是一种暗示或是一种象征，需要有接受者来加以体会和揣摩。

二是传播场合与途径。传播场合与途径是指特定传播活动发生的时间、地点、背景、氛围、何人在场、媒介的选择与组合等。这些组合直接决定符号序列的意义生成。无论作为人的生存和发展，还是作为媒体社会功能的形成和发挥，传播主体都要受到自然条件和社会条件的制约。当存在两个以上的传播主体时，就产生了复杂的"人际场"认知，这时的传播关系演变为一种层级系统，具有包含与被包含关系、平行关系及交叉关系。同时还靠传播媒介和其他物质设施来支撑，即递信息时使用的全部工具和技术。

三是传播活动的范围和主题。传播活动的范围和主题包括政治、军事、经济、文学、日常生活等，不仅反映传受双方的专业兴趣，还制约着符号、意义与媒介的选择，是编码和解码过程中都不容忽视的语境元素。台湾大学的张锦华教授曾总结过"事实的社会构建模式"。事实上，运用该模式可以阐释范围和主体在社会信息传递过程中的角色和功能。

第二节　传播情境的功能与应用

语言学上的语境理论描述对于语境因素使用语言起制约作用；语境层次理论认为符号（序列）的人际意义主要由情景语境提供，语境与语言的关系（从内容到表达形式）具有固定性。至于情景语境在传播学上的应用价值，可以从编码和解码两个层面进行探讨。

首先，从传播主体角度来看。研究态度改变及说服能力与说服方法的美国心理学家卡尔·霍夫兰认为使人态度改变的一个主要因素就是传播主体的条件，传播者的可信度与说服效果成正比并直接影响传播效果。传播主体的可信度其实就是受传者对传播者的认同程度，在霍夫兰看来，可信度是专精（实际具有的知识）和值得信赖（具有良好的品质和动机），也就是个人品格、专业水平和社会角色。❶为验证传播主体的作用，霍夫兰专门做了一个可信度实验：主持人分别在三个受试小组面前介绍三种不同身份的人为"法官""普通听众"和"品行低劣之人"，然后让这三个人在各小组就同一少年犯的主题进行演说，并让受试者给演说者打分。结果，"法官"分很高，"普通听众"得分居中，"品行低劣之人"得分最低。实验说明：一个拥有良好声誉的人比没有声誉的人更能引起人的态度改变。此后，有研究者专门对于传播主体的"声誉"进行了研究，提出声誉的重要构成是专业知识（或专家身份）和超然的态度。如身份明确的"意见领袖"或权威。中立、超然的态度同样会增进传播主体的声誉。相反，大多数失败的传播活动，主要缺失在于传播主体——信息的制作者和发出者，而不是传播内容或受众身上。本·巴格迪坎认为：报纸最后有价值的东西——读者对报纸的信赖，在美国已经化为乌有；公众对传播媒介真诚的信赖日益减弱，电视也面临同样的命运。大众传播媒介已经成为"没有大众的传播媒介"，其"主要使命与其说是服务于读者，不如说是服务于广告客户"。❷除此之外，对于传播主体认同度的差异在很大程度上也导致了传播学文化学派者斯图亚特·霍尔所说的不同解码方式。霍尔认为，受众对于传播主体或传播内容可以合意的解码、商榷的解码或反对的解码。合意的解码就是受众的主导式解读，赞同传播者及其内容；商榷的解码是妥协式解读，受众对于传播者本意和传播内容的解读有所偏差，既不完全接受其主导意义，但也不完全反对，与传播主体期望受众的理解不一致也并不相悖；反对的解码则是对抗式解读，传播者或传播提供的内容

---

❶ 邵培仁. 传播学［M］. 北京：高等教育出版社，2000：264.

❷ 本·巴格迪坎. 传播媒介的垄断［M］. 林珊，王泰玄，于华，译. 北京：新华出版社，1986：211.

跟受众的经验不相符合，受众对于传播者或传播内容进行质疑，完全出乎传播者的意料或预期。这也同霍夫兰所坚持的受众个性影响说服效果有关：进攻性强的人，不关心集体和不合群的人，对新鲜事物反应迟钝；想象力贫乏的人，一般不容易被说服；性格外向、想象力丰富的人，对周围新事物较为敏感的人，自我评价较低的人，较容易听从他人的劝说。因此，对于同一媒介内容的接受，受众的情形不同，所产生的理解和立场也不同。即使是客观公正的信息也会被人为扭曲。除上述要素外，对传播主体的意识形态、心理需求、传播意图的认知也直接影响传播目标的实现。美国政治学者布鲁斯·拉西特和哈维·斯塔尔发现，由组织或个人建立的信息网事实上具有信息过滤功能，即有意传递只对其有利的信息，而不是在客观上全面反映与局势有关的所有信息。一般来说，不同团体成员对形势所发生兴趣的方面取决于局势对其团体的影响（或威胁）角度。这与传播学上的选择性机制不谋而合。社会心理学的研究表明，行为的特点和影响会产生类似的特点和影响，反映在国际政治学中就是"冲突的螺旋"效应。结盟伙伴的选择一般是由一国对于其他国家的敌友判断所决定，当一个国家被视为具有敌意时，观察者眼中的敌对国家就是在以敌意的方式行事（不论他们事实上是否这么做），观察者往往自认为判断正确，视对方为恶魔，就会以敌意反击敌意。这种状况一旦出现就会形成恶性循环、很难消除。因此，从战略层面看，要提高说服效果，就必须精心设计、维护和提高"传播主体"的可信度、使传受双方再进入认同的框架，在类似或同质化的语境内行事；从策略角度看，就需要谨慎选择发言人或代言人，注重传播主体之间的战术配合。

其次，从传播场合与途径来看。时间和空间反映和代表传播主体的地位、动机和观点，同样是重要的社会资源和传播手段。新闻发布的时宜性是衡量新闻的一项重要标准。在传播学上，选择恰当的时机更是引导舆论的关键所在。媒体的背景、立场、专业水准和公信力不尽相同，所以在进行媒介选择与组合时，应当首先考察媒介的品质指标，使媒介的形象与传播主体的形象相符合，争取以最低的成本实现影响效果的最大化。"媒介即讯息""媒介是人的延伸"和"地球村"是加拿大著名传播理论家马歇尔·麦克卢汉最重要的学术贡献，被后人并称为"麦克卢汉三论"。"媒介即讯息"是说，对任何媒介的使用所产生的冲击力，远远超过它承载的内容；"媒介是人的延伸"则强调媒介是人的感官、功能的延伸。麦克卢汉认为，现代媒介的功能主要是：媒介的使用能够反映传播者的价值取向、基本立场、传播意图和技术水准。媒体关系是权力关系的一部分，所以媒介的选择与组合也体现了传播主体对媒介资源的支配能力。

最后，从传播活动的范围和主题来看。符号意义的生成依赖于其所处的系统。从编码过程看，传播活动的范围和主题直接制约符号的选择、风格定位、发言人或代言人的使用、媒介的选择与组合。从解码过程看，范围和主题决定符号解释的方向，反映编码者的立场、态度和标准；在某些情景下，只有准确界定了范围和主题，确定了文本的属性，才有可能获得文本的"原始意义"。

说服性传播的目的是影响目标受众的认知、态度、情感和行为，使其在预设的范围内朝着预期的方向变化。而要达此目的手段之一就是合理设置语境。不同的文本，其语境界限的清晰度不同。语境边界模糊的被称为开放式语境，语境边界相对清晰的被称为封闭式语境。语境在语言的使用过程中生成，但至于话语场合的哪些因素能够进入心智空间成为语境要素，耶夫·维索尔伦认为必须考虑三种现象：一是位于传者和受者交汇处的"视野线"，它把"那些作为语境适应对象的要素范围之间的边界进行切分"；二是传播主体可以有意或无意地对语境进行心智调控；在托马斯看来，这就是情境定义（the definition of the situation）："在任何自决行为之前，总有一个审视和考虑的阶段，我们可以称之为情境定义。事实上，不仅具体行为依赖情境定义，而且渐渐地一生的策略和个性都会遵循一系列这样的定义。"❶ 根据托马斯的观点，人不仅对来自外部世界的信息作直接的反射性反应，更重要的，人在多数情况下会首先审视和考虑这些信息，或定义这些信息，进而根据自己的定义来理解和对待它们。三是传受双方以协商方式使语境边界清晰起来的语境化过程。约翰·甘柏兹发明了"语境化提示"（contextualization cue）这个术语来指涉那些在特定场景中用于帮助理解文本的社会文化意义的语言符号❷。语境是信息编码和解码赖以生成的物质环境，受社会这个超级文本的制约，上述理论都在试图分析在编码过程中如何设计、调控语境以获取预期的传播效果。但由于"社会文本"的复杂性和系统性，又因文本对受众的影响有大小和方向两个维度，所以从多层面研究情境在传播学中所起的应有作用，系统阐释文本的影响力就是传播学努力的一个方向。

作为人类社会的一种文化现象，传播总是在一定的文化环境中进行。传受双方都是文化信息的携带者，"所有的参与者都带了一个装得满满的生活空间—固定的和储存起来的经验—进入了这种传播关系，他们根据这些经验来解释他们得到的信号和决定怎样来回答这些信号"。❸ 也就是说，传播是信息交流过程也是符号互动过程。传受双方在共通的"生活经验"和文化背景下进入传播关系，属于高语境交流，这是一种理想状态；传受双方在各自的生活经验和不同的文化背景下进入传播关系，则是一种低语境交流。不管哪种语境，传受双方都要开始对同一事物或符码认识的沟通，并且自始至终都会在文化提供的规则或"传播契约"的轨道中进行。

---

❶ 威廉·托马斯. 不适应的少女——行为分析的案例和观点 [M]. 钱军，译. 济南：山东人民出版社，1988：37.

❷ 周永秀，毕研韬. 言外语境与文本解读 [J]. 理论界，2007（11）：2.

❸ 威尔伯·施拉姆，威廉·波特. 传播学概论 [M]. 陈亮，李启，周立方，译. 北京：新华出版社，1984：47.

第三节　融合传播情境界定

1967 年，美国哥伦比亚广播电视网（CBS）技术研究所所长、全国电视系统委员会制式（NTSC）的发明者戈尔德马克第一次提出"新媒体"（new media）一词。1969 年，美国传播政策总统委员会主席罗斯托在向尼克松总统提交的报告中多次使用这一词汇。至此，所谓新媒体的概念在全世界开始流行。最初联合国教科文组织关于"新媒体"就是网络媒体的认定在技术快速发展的今天也不再有容纳力。就新媒体的传播模式，美国《连线》杂志认为是"所有人对所有人的传播"。资深媒体分析师克劳斯比认为是"一对一"及"多对多"，"就是能对大众同时提供个性化内容，传播者和接受者对等交流，无数交流者之间相互间可以同时进行个性化交流"。❶ 对新媒体的传播功能和特点，匡文波认为，数字化和互动性是新媒体的根本特征。❷ 蒋亚平定义新媒体是通过国际互联网传播新闻的信息发布平台，具有大容量、全球化、可检索，能相互交流等特点。❸ 廖祥忠"倾向于将当下的新媒体理解为以数字媒体为核心的新媒体——通过数字化交互性的固定或移动多媒体终端向用户提供信息和服务"。❹ 由于基于网络和数字技术的传播载体可以提供文字、音视频等多种信息的传播，因此，也有学者认为新媒体是所有人向大众实时交互地传递个性化数字复合信息的传播介质。至此，新媒体的数字化、交互性特征已经基本形成共识。新媒体本质上是一种新的信息传播方式或传播媒介，对于最新技术的依赖实现了其应用的简单快捷和便利。利用新的信息编码方式把各种媒体

❶ 栾轶玫，李从军. 新媒体新论 [M]. 北京：人民出版社，2012：2.
❷ 匡文波. "新媒体"概念辨析 [J]. 国际新闻界，2006（5）：66
❸ 蒋亚平. 中国新媒体形势分析 [J]. 新闻大学，2001（1）：96.
❹ 廖祥忠. 何为新媒体？[J]. 现代传播：中国传媒大学学报，2008（5）：121-125.

融合起来并使得信息相互交汇的数字技术被认为是新媒体的核心技术，以至于新媒体本身也被常称为是数字媒体。优越和实用的计算机网络——互联网技术同时为各类新媒体的存在和发展提供了强大的信息服务平台。移动通信技术使数字信息的传播摆脱了电线、光缆等实体网络的限制，通过无线网络实现随时随地的传播。以数字卫星电视为代表的广播电视技术则可以利用地球同步卫星将数字编码压缩的电视信号传输到普通用户终端❶。

一、新媒体本身的传播渠道功能

就传播主体而言，美国在线媒体顾问、资深分析师克劳斯比在他的文章 *what is "new media"*？提到，大众媒体的特征为：完全相同的内容到达所有接受者；内容发送者对内容有绝对的控制权。从新媒体的传播影响力出发，新媒体的传播无疑是一种大众传播。在解读网络化用户概念和内涵的基础上，清华大学何威博士提出了网众和网众传播的概念。何威认为，区别于"虚拟关系"中的"虚拟人"，网众是网络化用户组成的群体，指真实而普通的社会成员，因为积极的媒介使用和 ICT 技术而被网络化，与其他真实的人相互联结；他们在传播中身份越来越趋向真实和固定；作为网络中的节点，网众永远在各种结构性因素的制约之下；他们因认同、爱好、欲望、利益、理想等诸多动机发起或参与网众传播，成为社会行动者。相应的是，网众传播指由网众发起和参与由社会性媒体中介的传播现象、模式和行为。网众传播的信息接受者包括网络化用户和大众媒体和其他社会结构，传受双方的权力关系在技术上平等。❷ 网众传播与人际传播或有重叠，和大众传播彼此对接和互动，成为彼此的放大器和扩音器，扩大了个人传播的权力。

人类社会存在的基本形式是时间和空间，在时间和空间移动与变化的

---

❶ 栾轶玫，李从军. 新媒体新论 [M]. 北京：人民出版社，2012：6.
❷ 何威. 网众传播 [M]. 北京：清华大学出版社，2011：20.

信息即构成人类生存的基本状态——传播。从时间维度而言，基于信息技术之上新媒体大大提升了传播的速度。无论是互联网还是移动网络，都使得信息变得"即时"起来。传播速度越快，信息在空间运动的时间越短，所跨越的空间距离越大。随之引起的社会变动包括：空间运动加快、交往中时间缩短、利润率提高；改变了交往距离在交往中的决定性作用，使交往关系以一种与自然距离不相适应的方式发生变化。这一即时性特征深刻改变了人类的信息传递，更重要的是重塑了人类交往及社会关系，它主要表现为以下三方面：第一，无线网络的发展使得新媒体成为可能，也越来越使移动性成为新媒体的重要特征。移动电话等移动终端设备使得人与信息的绑定越来越紧密，贴身化或随身性成为新媒体的显著标志。贴身的媒体、贴身的信息传播和社会交往，新媒体的贴身化或随身性使人际交往空间、时间与传统媒体有很大不同。第二，传播速度足够快时，时间就被无限压缩，甚至可以共享同一时间构成了新媒体的共时性。正是利用这一点，新媒体消解了地域限制的作用，消解了国家之间、社群之间及产业之间的边界。第三，依靠网络直播、手机直播和卫星直播等方式将彼地彼刻发生的事件第一时间传向此地此刻，众多受众或用户共享一个媒介时刻获得了使媒介事件的在场感。现代电子传媒利用卫星、微波、光纤光缆和先进的数字化传输技术设备实现了高速传播，理论上使得地球上任何角落发生的事件都可以以现场直播的方式即时传遍世界各地。❶ 空间维度而言，新媒体让人们与世界的任何地方随时保持联系，从世界的任何地方都可以即时发布与检索信息，即时性传播因而成为一种全球化功能。

二、新媒体与传统媒体共存的融合传播情境

传播包括面对面的交流和有中介的传播。面对面的交流即现实生活，有中介的传播就是借助媒介的传播。口头传播情况下语境为交流活动提供

---

❶ 栾轶玫. 新媒体新论 [M]. 北京：人民出版社，2012：6.

场所和舞台背景，不同语境规定了交流的不同类型与方式，甚至语言本身还积极影响着思维本身。戈夫曼在分析面对面的社会交往时引入了"表情"概念。在戈夫曼看来，表情指具体场景中人的具体行为，表情不能提供明确说明或观点，但能表明情绪或态度。表情和传播的区别在于表情常常是无意识地流露，传播往往是有意识地进行，表情比传播更久远更不易控制；表情总是与表露的具体个人有关，表现个人和个性，传播的内容可以是任何事情。表情形成基本印象，传播提供重要事实；表情显示个人私下感觉，具有后区偏向特征；传播易于把控和掌握，具有前区偏向功能。梅洛维茨认为，这正是印刷媒介与电子媒介的主要区别：印刷媒介仅包含传播，而大部分的电子媒介也传递了个人的表情，印刷媒介具有前区偏向，电子媒介具有后区偏向。结合戈夫曼的场景理论和麦克卢汉的媒介理论，梅洛维茨提出了媒介情境理论：电子媒介影响社会行为的主要在于表演社会舞台的重新组合，场景的组合改变角色的行为模式并改变社会现实的构成，观众变化的同时，社会行为也会变化。电子媒介打破了物理空间和社会场景的传统关系，创造了新的场景，包括物理场景和由媒介所建构的信息场景。以数字化、交互性为特征的新媒体兴起后，个体被赋权，速度大大加快，信息变得即时起来，距离在交往中的不再起决定性作用，地域限制消解，受众在场感增强，与印刷媒介主要是电子媒介一起构成了完全融合的传播情境。需要指出的是融合传播情境与媒介融合不同，"媒介融合"的概念最早由美国马萨诸塞州理工大学的伊契尔·勒·普尔在其《自由的科技》提出，原意是"传播形态融合"（the convergence of modes），即各种媒介呈现出多功能一体化的趋势。美国新闻学会媒介研究中心主任安德鲁·纳齐森更多强调各个媒介之间的合作和联盟。道认为媒介融合是指电子通信技术、计算机技术和媒体的融合。詹金斯认为媒介融合有五种形式：技术融合、经济融合、社会或组织融合、文化融合和全球融合。2006年，中国传媒大学媒体管理学院昝廷全在《传媒产业的产业融合及组织创新趋势》一文中，就媒介现有的四大产业——电信、互联网、多种类出版和广播电视的融合，提出传媒产业融合基本上要经历技术融合、业务融合、市场融合三个阶段。可见媒介融合的意义主要是指媒体之间的整合与并购和不同媒体之间的交融与互动，虽然也提及传播形态的融合，但对传播形态共同构成的融合传播情境并没有深入分析。正如梅洛维茨所说：当一个新因素加入到旧环境中时，我们所得到的并不是旧环境和新因素的简单相加，而是一个全新环境。❶ 融合传播情境主要指基于新媒体的网众传播与人际交流或有重叠，和大众传播彼此对接和互动，电子媒介依旧庞大和居主导地位，社交媒介与电子媒介有时成为彼此的放大器和扩音器，扩大个人传播的权力，而且如果一种媒介很容易被普通人接触到，它就会被民主化；有时又相互博弈，形成各自的舆论场，电子媒介的议程新闻传播和议程设置受到挑战。融合传播情境主要强调传统媒体与新媒体的一起形成的竞争、共生共存、合作和彼此影响。曾任英国广播公司 BBC 环球新闻有限公司首席执行官（CEO）吉姆·伊根认为："热爱新闻的消费者无论在哪里都非常渴求信息，希望在他们现有的所有设备上阅读新闻。多年来，人们都在推测智能手机、笔记本电脑和平板电脑的主流化会对电视的观看产生负面影响。但研究发现，实际上四种设备结合发挥的作用更好。"❷ 这正是融合传播情境在现实中的体现和印证。吉姆·伊根所指的研究是 BBC "世界新闻" 和 BBC 网站新闻环球所做的一项迄今为止在数码时代最大新闻消费研究，由欧洲电子商务咨询机构（InSites Consulting）执行具体调查任务，涉及澳大利亚、新加坡、印度、阿联酋、南非、波兰、德国、法国和美国的全球数字设备用户。

调查发现：总体上而言，用户在一天中分别使用不同设备阅读新闻，高收入人群同时至少拥有电视、平板电脑、智能手机和笔记本或台式电脑中的三个获取信息。平板电脑用户观看电视新闻更多，43%的平板电脑用

---

❶ 约书亚·梅罗维茨. 消失的地域——电子媒介对社会行为的影响 [M]. 肖志军，译. 北京：清华大学出版社，2002：16.

❷ 新浪新闻中心. 研究表明用户观看突发新闻，电视是首选设备 [EB/OL]. (2013-04-16) [2022-09-25]. http://news.sina.com.cn/m/2013-04-16/155326843884.shtml?bsh_bid=219120501.

户称其观看电视比 5 年前更多。同时，大多数称他们在电视机旁边使用平板电脑。第 2 块显示屏看新闻已经司空见惯，用户经常一前一后地使用移动设备观看新闻：83% 的平板电脑用户称，他们在看电视的同时使用平板电脑。在观看突发新闻时，用户将电视作为他们的首要设备（42%），他们中的大多数（66%）会在之后转向网络查看事态的进一步发展。用户将国内和国际新闻作为最重要的新闻（分别为 84% 和 82%），紧跟着是地方新闻（79%），金融和商务新闻（61%）比体育（56%）和艺术/娱乐新闻（43%）受到的重视更高。❶

波士顿爆炸案更是融合传播情境下突发事件新闻传播的典型案例。2013 年 4 月 15 日 15 点，波士顿马拉松比赛终点线附近发生爆炸事件。

2 点 55 分左右爆炸时距离现场近的观众判断为爆炸，距离现场远的微博在询问；Twitter 上即时出现了大量现场照片和消息，成为波士顿警方和马拉松赛组织者等公共机构的有效沟通工具。现场拍摄了相关照片和视频的人将视频上传到 YouTube，并使用标签等方式标记，使得警方的分析工作便利。另外有许多用户通过 Instagram 将现场拍摄图片上传到 Instagram 社区，并使用 #BOSTON 标签进行组织，使得全世界的 Instagram 用户都能借此更清楚地了解波士顿爆炸案。

波士顿爆炸案后 3 小时，美国各大网站电视台滚动直播，警方立即召开新闻发布会，谷歌开通寻人网页服务。该服务让许多电话无法拨通的朋友可以搜索自己亲朋好友的状况，而当地居民和知情人士则可以分享目前的情况。

网络上民众呼吁为受影响的外地或外国参赛者提供住宿，瞬间上千人留下联络方式，面对重大突发性公共事件，政府、媒体及公民在融合传播情境中不仅相互印证信息，而且直接开展寻亲服务和动员功能，提高了新闻的时效性，杜绝了谣言的流播，三者共同的信息传播使得新闻以全方

---

❶ 新浪新闻中心. 研究表明用户观看突发新闻，电视是首选设备 [EB/OL]. (2013-04-16) [2022-09-25]. http://news.sina.com.cn/m/2013-04-16/155326843884.shtml?bsh_bid=219120501.

位、多角度和立体化的方式呈现出突发事件的全景图，图 2-1 为截至 2013 年 4 月 16 日 12 点波士顿爆炸案新闻在 news. google. com 上的走势图。

图 2-1 波士顿爆炸案新闻在谷歌新闻上的走势

　　报纸、广播、电视、互联网等多元化的媒介形态共同参与国际新闻传播，大大加速了国际新闻传播的进程，多元化的融合传播情境还使得国家控制信息流动越来越困难。同时，面对受众的崛起，各国的传媒政策和管理原则也经历了一个由公共利益优先到市场需求驱动的转向过程，这一过程在国外被称为是"解控"（deregulation）。全球媒体巨头都试图利用这一天赐良机来削弱国家与政府对媒体的影响和对垄断的控制。媒介自身经营的多元化也是融合传播情境的一个方面。大型媒介公司纷纷通过兼并收购、跨行业经营、跨国经营等方式扩大自己的地盘，组建传媒业的"航空母舰"。依赖于全球性的业务网和全球市场，这些"航空母舰"走上了全球化的经营之路。在本土媒介市场逐渐饱和的情况下，各大媒介集团纷纷将目光投向海外，开拓国际市场。20世纪90年代后，传媒业成为世界经济中最具潜力的产业之一。为发展传媒经济，许多国家逐渐放松对传媒的管制，使其逐步走上了产业化的道路。中国近些年来文化产业尤其是媒介产业的发展就非常引人瞩目，中国媒介市场潜力巨大，对国际资本有极大的诱惑力。因此，宏观角度来看，传播媒介的性质多元化也是融合传播情境的重要组成部分。

第三章

融合传播情境下国际新闻理念的变化

第一节　国际新闻理念的三重冲击

进入 21 世纪，有关新闻业处于危机的呼声很高。2005 年，《经济学人》曾经做过一个判断："传统媒体的巨人正在倒下"，这一预言不幸而言中。美国《2011 年美国新闻媒体状况》研究报告显示：2009 年以来，美国依赖网络获取新闻的人数一直处于上升趋势，2010 年较 2009 年同比增长 17.1%，其他媒体新闻受众却处于下降趋势。美国主流媒体纷纷转向网络媒体。2011 年 3 月，《纽约时报》宣称将在未来的某个时刻停止印刷版，具体日期待定。进入 2012 年，《纽约时报》的预言在同类纸媒的停刊上得到印证，十年前人们对于纸媒被网媒取代的担心初步得到实现。在 2012 年 9 月，美国一项针对 2000 名智能手机和平板电脑持有者的新闻来源调查显示，只有不到 1% 的受访者把报纸当作主要新闻来源。2012 年 10 月 18 日，美国向以时政见长、因优秀评论获荣誉最多、发行量曾一度达到 440 万份，与《时代》《美国新闻与世界报道》并称为美国三大新闻周刊的《新闻周刊》通过网站宣布将于 2013 年开始将告别长达 80 年的印刷版杂志出版，全面转向数字版业务。不到一个月，创办于 1945 年 8 月 1 日，隶属德国大型出版机构杜蒙·绍贝尔格出版集团、第二家被德国西方盟友授予出版许可、发行量最高超过 40 万份、印刷出版长达 67 年、德国十大全国性报纸之一的《法兰克福评论报》经德国明镜在线网站 2012 年 11 月 14 日宣布于 11 月 13 日申请破产。

当新闻业纷纷走向网络的时候，受众的新闻偏好和新闻传播方式的变化也在使对于新闻的理解或新闻理念本身发生着一场静悄悄的转变，"网络传播带给受众最重要的变化就是：任何地点、任何时间都可以获得新闻。换句话说，基于电脑的新媒体使消费者自己掌管新闻"。❶ 皮尤中心主席罗森斯泰尔更为一针见血地指出，在一个消费者决定他们获取什么样的新闻和怎样获取新闻方式的世界里，未来属于那些最懂受众的人，属于那些会利用这种知识的人，而这些知识却存在于新闻业以外的地方。

一、新闻的定义与边界走向

"新闻"是新闻理论体系的基本概念，对新闻的界定，是全部新闻学研究的逻辑起点。也就是说，新闻定义是正确理解新闻并在此基础上建构科学的新闻学理论体系的基础和条件，这也是20世纪80年代以来中国新闻学者首先关注的重要学术问题之一。从19世纪第一个新闻定义产生以来，国内外对于新闻的定义不下百种。西方对于新闻的定义大概可以分为实践派和学院派，实践派比较强调新闻的事实部分，如"狗咬人不是新闻，人咬狗才是新闻"或让人发出"哎呀"一声的就是新闻；学院派强调新闻的报道部分。事实上，不管是实践派还是学院派，这里所说的新闻定义其实是媒体行业或业界对于新闻选择的标准问题，是各自的具体判断取舍依据。另外，黄旦教授认为：关于新闻定义的讨论大多是在进行外延内涵或类和种差的反复考量，局限在逻辑的层面。至于各种定义所产生的历史情境和定义者通过定义试图要表达的意义，居然被排除在所有讨论者的视线之外。❷ 但"所有定义均是特定的，与某些目的或某些情势有关，因此，仅适用于一个严格限制的领域或论域"。❸ 定义产生于当时所在的情

---

❶ 布雷恩·S.布鲁克斯. 新闻报道与写作 [M]. 范红，译. 北京：新华出版社，2007：6.

❷ 黄旦. 中国新闻传播的历史建构：对三个新闻定义的解读 [J]. 新闻与传播研究，2003，10（1）：24-37.

❸ 克利福德·格尔兹. 文化的解释 [M]. 韩莉，译. 南京：译林出版社，2008：107.

境，理解定义也必须依照当时的社会语境。正是在这一点上，梵·迪克结合符号学分析方法和新闻学研究，以新闻作为话语分析对象，提供了新闻学研究的一种视角：文本分析和语境分析。前者对新闻话语的结构进行描述，后者将这些结构的描述与记者的认知、新闻话语如何再现事实的过程、社会文化因素等联系起来加以考察。❶ 梵·迪克强调了新闻传播主体的认知与建构、传播情境的重要性。传统媒体或职业记者和编辑用来判断什么是新闻的标准可以归纳为以下几个词：相关性、有用性和趣味性。相关性、有用性和趣味性是判断任何事件、问题或人物是否具有新闻价值的总的原则。❷ 在这些总的标准之内，新闻工作者们在每个潜在的新闻报道中寻求更为明确的元素，包括影响力（有多少人会受一件事或一种观点影响？这种影响对他们有多大？）；冲突性（冲突是生活中非常基础的元素，新闻工作者必须抵抗将冲突过分夸大或过分简单化的诱惑）；新奇性（仅仅因为人物或事件的不寻常或离奇，就能引发受众的兴趣，因此而具有新闻价值）；显赫性（名声制造新闻。名声越大，新闻就越大。富人和名人的行为常常能够引起普通人的兴趣）；接近性（人们阅读或收听国内或国际新闻时，常常想知道这些新闻如何与自己的社区相关）和时效性（及时的报道可能使大众成为公共事务的参与者，而不仅仅是旁观者）。但新媒体情境下，"甚至是新闻自身也在变化。报纸、广播和电视台—有时一起合作—正在变为公共事务的参与者，而不仅仅是观察者。"当20世纪80年代艾伦·纽哈思创办《今日美国》时曾提出新的新闻观点：我相信并希望未来的新闻学能够传递对人们有用的新闻，特别是传递人们所信赖的新闻。新闻在人们的日常生活中将占有一席之地，不管是在会议室、酒吧、教室还是在冰箱旁边。❸ 对于新闻的理解重点表现在两个方面：首先，不是所有的新闻都是严肃的、都是生死攸关的事件。新闻学被描述为"一种

❶ 托伊恩·A.梵·迪克. 作为话语的新闻 [M]. 曾庆香，译. 北京：华夏出版社，2003：96.
❷ 布雷恩·S.布鲁克斯. 新闻报道与写作 [M]. 范红，译. 北京：新华出版社，2007：5.
❸ 同❶❷4。

文化自身的对话"，包括文化的方方面面，犯罪的对话、政治和世界事务的对话，但也包括日常生活对话。还包括幽默和传闻。所有这些都能成为新闻。其次，新闻不仅仅是事实的集合体。报道新闻通常意味着说事。叙事、人性化和事情的戏剧性，都是新闻学必要的手段。为使得新闻报道中的事实被理解，新闻工作者常常采用善讲故事的人，如同小说家和编剧所使用的技巧。而新闻的判断标准也正在向掌握传播通信新技术用户手里转移，新闻消费者在一定程度上控制了选择权，在线新闻对于新闻信息的态度则直接促使意见崛起成为在线新闻内容的基本类型。

随着数字平台的发展，在线新闻消费也在迅速增长。事实上，根据皮尤研究中心 2012 年新闻媒体消费调查数据，在线新闻是唯一呈增长势头的种类。大多数移动新闻用户都不会用一个新闻平台替换另外一个新闻平台，他们会比过去消费更多的新闻。根据皮尤研究中心和经济学人集团 2012 年的调查，半数以上（54%）的平板电脑新闻用户承认他们也通过智能手机获取新闻，77% 的新闻用户通过台式电脑或笔记本电脑获取新闻，50% 的新闻用户通过印刷出版的纸媒获取新闻，25% 的新闻用户则集合以上四种方式获取新闻。❶ 与之相似，大约四分之三的智能手机用户说他们也通过笔记本电脑或台式电脑获取新闻，四分之一以上的新闻用户通过平板电脑获取新闻。同样的调查发现，31% 平板电脑新闻用户说自从他们拥有移动终端后，他们会花更多时间从这些终端上获取新闻，43% 的用户则说这种移动终端已经成为他们新闻消费的不可分割的一部分。❷ 通过所谓"第二屏幕"现象的崛起，移动终端正在改变新闻环境，在这样的融合传播环境中，用户可以边看电视边登录电脑获取新闻。尽管这一实践已经远远超越了只为获取新闻为目的，在如美国总统辩论、大选夜和国家首脑演说之类的直播新闻事件时，这种边看电视边上网的方式，尤为受欢迎。如

---

❶ 皮尤研究中心. 2012 年新闻媒体现状研究报告 [EB/OL]. （2013-03-21）[2022-09-26]. http://stateofthemedia.org/2013/digital-as-mobile-grows-rapidly-the-pressures-on-news-intensify/digital-by-the-numbers/.

❷ 同❶。

第一次美国总统竞选辩论前,美国通信运营商的一项研究表明,人们计划利用几种不同的方式通过第二屏幕获取新闻。近一半的(46%)受访者认为他们会用第二屏幕追踪广播媒体;大约40%的受访者说会对他们听到或追踪的政治报道核查事实。通过社交网络分享信息同样重要,32%的受访者反映他们会边观看大选辩论边用社会化媒体进行监测。❶

网络为新闻带来的明显变化有以下五点❷。

(一)不间断的发稿

新闻事件发生时,报纸和广播电视记者都会立刻为其所在的网站发布报道,并于当天不断更新网站上的重大报道。争夺受众的竞争异常激烈。微软全国广播公司(MSNBC)和美国有线电视新闻网(CNN)称自己为"24/7"网站,即一周7天,一天24小时不间断地发布新闻。

(二)互动性内容

网络新闻的重要特色就是能与受众互动。新闻的后面通常有民意测验、聊天室及各种问题,鼓励受众表达自己的观点。不论新闻依托于何种媒介,现在的报道者比以往任何时候都要考虑受众将怎样受到报道的影响。传统严肃媒体英国《卫报》是利用新技术拓宽局面的先锋。2011年英格兰骚乱中,《卫报》记者保罗·路易斯在骚乱期间利用Twitter问其粉丝,除了骚乱开端的托特汉(Tottenham),还有哪些地方出现了骚乱?随后根据粉丝在Twitter上的留言和线索前往骚乱前线,几天内路易斯就做出了内容最丰富的骚乱报道。全球最大的社交媒体平台——Facebook的产品经理拉夫·如希克分析认为,带有记者分析的帖子点击量平均能增加25%,其

---

❶ 皮尤研究中心. 2012年新闻媒体现状研究报告 [EB/OL]. (2013-03-21) [2022-09-26]. http://stateofthemedia. org/2013/digital-as-mobile-grows-rapidly-the-pressures-on-news-intensify/digital-by-the-numbers/.

❷ 卡罗尔·里奇. 新闻写作与报道训练教程:第6版 [M]. 钟新,王春枝,译. 北京:中国人民大学出版社,2012:8.

中国际新闻点击量增加 70%，政治新闻增加 60%。正因为认识到了专业新闻生产对用户的吸引力，Facebook 在几个月前发布了"新闻工作者"频道，希望通过吸引更多新闻工作者在 Facebook 上建立个人页面并与读者互动，拓展用户的广度和深度❶。

（三）相关链接

网络新闻提供相关链接，因此一则消息不再是单一的个体。传统的报纸和广播电视新闻同样引导读者和观众去关注相关的网络内容。网络增强了新闻的调查和报道特性。

（四）非线性结构

报纸和广播电视新闻的顺序呈线性特征，即从头到尾阅读与收听、收看像是一条线。由于具有多媒体和超链接的特性，网络新闻的接受方式呈现非线性特征，即用户能以任意的顺序浏览网络的内容。尽管众多网站新闻报道的结构仍然呈线性，但整个网站的内容却由许多相互关联的部分组成。非线性新闻可能被分解成背景、人物专访，时间表、数据库和多媒体等，而不是在一篇报道里涵盖所有信息。

（五）个性化新闻

博客是新闻个性化的一种形式，此外许多新闻网站还邀请用户上传他们自己的报道。www. musarium. com 就是新闻个性化的一种更为全面的形式。网站致力于个性化叙事，其座右铭是"发现地球上智慧生命的迹象"，网站上的报道和图片集无所不包，还有一个专题叫"50 美分的采访"。专题记者走遍全国各地，随身携带一个便携桌子和一个标识，上面写着将付50 美分请人们讲述他们自己的故事，分享他们的喜怒哀乐。Facebook 同样

---

❶ 张翃. 媒体未来路在何方？［EB/OL］.（2022-05-01）［2022-09-26］. http://zhanghong. blog. caixin. com/archives/40151.

认识到了"分享"的新潜力。通过其 Opengraph 的新平台，朋友之间可以互相分享"你今天读了什么"。雅虎网站甚至用朋友阅读表代替了传统的头条通栏，道理很简单：你的朋友圈最关注的新闻很有可能就是你最关注的。"头条"应该个性化，而非整齐划一。有些学者认为，大多数情况下，新闻告诉大家"发生了什么"，而不是"正在发生什么"的整个上下文关联信息。网络新闻需要改变的是：缺乏对正在发生事件的发现能力，也就是上下文（context）。"Context is King"的说法，主要是指要对用户提供有针对性的广告。对于新闻内容来说，针对读者提供有针对性的内容、信息或者内容、信息的聚合与关联。这一点其实是网络媒体（特别是社交媒体）给予传统纸媒最大的冲击。当然，传统媒体也一直在做内容上的细分来细分读者群，但基本上还是"编辑认为这样的内容会吸引这一批读者"这样的模式，而 Google 或者 Facebook 则可以进一步直接根据读者自身兴趣关注及内容关联直接推送相关的内容，这样会更加精准，受众也会更加喜欢。

　　国际新闻的逻辑起点是新闻学研究。就国际新闻而言，从 2003 年到 2010 年的 7 年时间，中国传媒大学的刘笑盈教授对于国际新闻学的定义连续 5 次进行了严谨细致的分析与界定。2003 年，刘笑盈教授首次明确了国际新闻的两大特征：超越国家边界和跨文化性，"所谓国际新闻是超越了国家界限并具有跨文化性的新闻，或者说国际新闻是新闻在国际的流动"。❶ 2005 年，在坚持原有国际新闻定义的基础上，刘笑盈教授做了进一步的解释，强调了"超越国家边界"的重要性，"构成或者说决定新闻的要素不仅仅是事实一项而是有三个：事实、媒体和受众，认定国际新闻的关键是这三个要素中有没有任何一项'超越国家界限'"。❷ 2007 年，刘笑盈教授在原来的定义中加入了"新闻要素"四个字，"所谓国际新闻

---

❶　刘笑盈. 传播全球化时代的国际新闻 [J]. 现代视听，2007（12）：10.
❷　刘笑盈. 国际新闻史的历史分期与研究课题刍议 [J]. 现代传播：中国传媒大学学报，2005（2）：5.

是超越了国家界限并具有跨文化性的新闻，或者说国际新闻是新闻及新闻要素在国际的流动"。❶ 2009 年，在不断研究后，刘笑盈教授又一次更新了国际新闻的定义"所谓国际新闻，是跨越了国家界限并具有跨文化性的新闻，或者更具体地说，新闻有事实、媒体和受众三个基本要素，国际新闻就是新闻要素被国家界限所隔断的状态下所呈现出来的新闻"。❷ 2010 年，刘笑盈教授更进一步简练了国际新闻的定义"所谓国际新闻，就是新闻事实和新闻受众被国家界限所隔断并受国家因素所影响的新闻"。❸ 对新闻定义的一再修改、补充说明对新闻本质认识的深化，更说明对学术概念自身严谨性的追求和负责。刘笑盈教授指出，新闻事实由媒体发掘并加以报道，国际新闻中的事实与媒体往往站在同一平台。这一点在传统大众传播媒介受到冲击、传播主权受到分化及受众参与传播的新媒体情境下越来越得到印证，突发性事件的发现与报道尤其多借助于新媒体或在线新闻的报道。以报刊为代表的印刷媒介使信息在全球范围内得到迅速传播，尤其是法国哈瓦斯社（法新社前身，1835 年创建）和美国港口新闻社（美联社前身，1848 年创建）等几大世界通讯社的建立更是提高了信息发布和传递的能力。然而，一方面受制于交通技术等因素；另一方面由于信息传播与国家主权的博弈，印刷媒体的信息携带往往受到国家的地理空间所限，印刷媒介所建构的传播网络在现实层面常常不能进行全球覆盖。1894 年可将信息传递到全球的无线电通信技术的发明对于国际广播意义重大。自1925 年莫斯科开办国际短波电台开始，各国纷纷开展国际广播。随后兴起的卫星直播电视从技术理论角度来讲，三颗卫星就可实现全球地域的信息传播，"美国之音曾经使许多不赞成新闻信息自由流动的国家深感忧虑，

---

❶ 刘笑盈. 传播全球化时代的国际新闻 [J]. 现代视听，2007（12）：10.

❷ 刘笑盈，贺文发. 俯视到平视：外国媒体上的中国镜像 [M]. 北京：中国传媒大学出版社，2009：77.

❸ 刘笑盈. 国际新闻学：本体、方法和功能 [M]. 北京：中国广播电视出版社，2010：15.

而将来的卫星电视其实就是拥有了图像的（短波）广播"。❶ 然而强大的国际广播依然要受到技术、权力及制度等多重因素的限制。但在全球化的进程中，全球传播却对民族国家的主权构成了挑战，"一方面，国际的，地区的，全球的权力结构限定了国家的实际行动。这些权力结构包括国际规制和组织、世界经济日益居于主导地位的逻辑，国际法的约束及民族国家能力的下降；另一方面，民族国家，尤其是被削弱的国家无法控制亚民族力量和行为者"。❷ 近二十年来，"主权国家在全球系统中的生存环境发生了巨大改变"。❸ 这种改变表现在经济、政治和文化等各个领域。在经济领域，马克思早就预言：资产阶级对世界市场的开拓，使一切国家的生活和消费都变得世界性，民族的片面性与局限性日益成为不可能。❹ 经济的全球化使得生产和流通领域在世界范围内形成了纵横交错的统一网络，各个国家都自愿或被迫卷入了这一网中。国与国之间的密切联系侵犯了国家在经济领域的主权，国家对经济的管理不得不受其他因素的限制，跨国公司和国际经济组织削弱了国家经济主权。国家在政治领域主导的价值则是源于对经济主导价值削弱的必然结果。"'政治全球化'概念表述的不仅仅是各国政治不可阻挡地跨越国界，政治交往进一步扩大和日益频繁，而且意味着各国政治相关性的强化，由此形成一张相互联系和相互作用的网络。"❺ 民族国家相互联系的加强导致国内政治与国际政治界限变得模糊，并产生了三方面的影响：一是国内政治国家化；二是国内政治具有了国际背景和色彩；三是"打破了文化专权，瓦解了国家同一舆论。❻ 在文化领域主要是文化全球化的影响。文化全球化在削弱国家主导价值的各种因素

---

❶ 任孟山. 信息空间和地理空间：网络传播与国家主权的张力［J］. 现代传播：中国传媒大学学报，2011（6）.

❷ 陈家定. 全球化与身份危机［M］. 开封：河南大学出版社，2004：43.

❸ 郁建兴. 全球化：一个批评性考察［M］. 杭州：浙江大学出版社，2003：4.

❹ 中共中央马克思恩格斯列宁斯大林著作编译局. 马克思恩格斯选集（第一卷）［M］. 北京：人民出版社，2003：276.

❺ 刘昌明. 全球化与当代国家政治职能［M］. 济南：山东大学出版社，2006：105.

❻ 李永刚. 网络扩张对后发展国家政治生活的潜在影响［J］. 战略与管理，1999（5）.

中作用最大。信息传播的全球化使各国受众有更多的渠道接触和获取信息，从而降低了政府对国内信息的垄断权力地位，种类多样的世界媒体正严重冲击着民族国家的舆论宣传控制，各民族国家的文化体系受到了他国文化的参与和重组，国家试图用宣传和文化构建国民身份认同的意识形态在理论上已经很难走通。文化全球化大大削弱了国家在文化领域的主导价值，这在发展中国家表现得尤为明显。

现代通信技术的发展使完全意义上的信息自由流通第一次成为现实，本地受众正成为非本土化信息的受众。互联网技术不仅为全球传播提供了技术保障，更重要的是赋予每个人全球传播的能力和从世界各地接收信息的可能，以国家及其资助或管控的媒体为主进行国际或全球传播的做法受到严峻挑战。当传播的权力不仅限于某个媒体组织或阶层，当公民报道或草根报道者的出现推动政治传播的多元化发展，超越国家边界的传播不再局限于国家行为，更多的全球公民开始参与展现生机勃勃的全球传播生态。❶ 正如詹姆斯·凯里所说："互联网应该被看作是第一个全球传播体系。这个体系正在取代国家传播体系，后者是因铁路和电报的出现而出现于 19 世纪末的，并通过电视网而在随后的革新得到完善。"❷ 传统的民族与国家的地理界限和文化界限日渐模糊，传统的时间、空间和地域的概念遭遇深刻的危机。以自然分界区分民族、国家和社会变得越来越困难，"象征性分界"的作用却越来越显著。国际新闻与新闻的理解与边界同时呈现模糊状态。

二、公民新闻或公共传播的出现

所谓公民新闻，又称"公共新闻"。有学者认为就是："公民（非专业新闻传播者）通过大众媒体、个人通信工具，向社会发布自己在特殊时空

---

❶ 罗青. 新媒体传播 [M]. 北京：中国广播电视出版社，2011：3.
❷ 约翰·帕夫利克. 新闻业与新媒介 [M]. 张军芳，译. 北京：新华出版社，2005：3.

中得到或掌握的新近发生的特殊的、重要的信息。"或者称为"来自业余新闻工作者的第一手新闻报道"。另一些学者则认为，公民新闻是指公民通过大众媒介和个人摄录、通信工具（如移动电话、数码相机、数码摄像机、计算机网络等）为广大受众选择、撰写、分析和传播新闻信息的行为和现象。简单来说，"公民新闻"，指从新闻的采访、写作到最后的编辑、发布，都不借助于专业记者或编辑，完全由"发布者"自己采写的新闻，这种意义上的公众则称为公民记者（citizen journalists）。这种特征则被称为是"公众即信息"（people are the message）。❶ 作为一种报道方式，公民新闻其实就是让受众依据自己的关注点参与策划新闻报道，其目的是让受众关注自己所在的社区及其新闻报道的范畴。❷ 这种新闻形式更多注重受众所关心的问题，而不是只是报道重大事件。"公共新闻"的概念催生了"公民新闻"运动——社区成员通过博客和在线互动论坛提供报道素材。有线电视新闻网和微软全国广播公司等电视新闻频道都利用公民报道新闻，尤其在洪水，飓风和龙卷风灾难的时候。这种方式又被叫作"参与式新闻"或者"用户制作内容"，社区成员通过报道或写新闻为媒体的报道作出积极贡献。"用户参与创建内容"的先锋是韩国的 OhmyNews 网站。在 2000 年创办时，网站拥有 727 名公民记者，7 年之后，其公民记者数量迅速增长为 6 万人。2007 年，网站创始人吴延浩创办了一所公民学校，培训学生采写新闻的技能。《劳伦斯世界日报》开设的"公民新闻研究院"也是这样一个典型的案例。25 名组成该院的本地区的公民经常与日报及其伙伴电视台合作，协助大选等重大事件的报道。研究院同时为公民提供 5 期培训课程，讲授新闻写作、本报及堪萨斯大学新闻专业的教授所认同的新闻标准。不受雇于新闻机构的公民能否被称为记者还存在争议，但公民新闻运动很明显已经成为新闻媒体中一股重要的力量。

---

❶ ALIKILIC, O. When People are the Message...Public participation in new media: user generated cotent［J］. Journal of Yasar University, 2008, 3（10）, 1345-1365.

❷ 卡罗尔·里奇. 新闻写作与报道训练教程（第 6 版）［M］. 钟新，王春枝，译. 北京：中国人民大学出版社，2012：9.

追根溯源，公民新闻的影子应该回到 1170 年 12 月。当时一位名叫爱德华·格里姆的剑桥大学职员，曾经在坎特伯雷大教堂目击了谋杀大主教托马斯·贝克特的场景。格里姆那份 1500 字的口供，至今仍被认为是有关该事件最为权威的版本，也是公民新闻报道最初的原型。公民新闻溯源最早的案例是美国达拉斯市民亚伯拉罕·泽普鲁德于 1963 年 11 月 22 日偶然中拍摄的肯尼迪总统遇刺过程——一段不到 30 秒的影片。该短片被复制了三份，两份交给了调查部门，原版则被泽普鲁德在三天后以 15 万美元的价格卖给了《生活》杂志。但 100 多年以来，新闻业一直建立在一种限制性准入的模式上，只有很少的机构有能力派遣记者前往重大事件的发生地或寻找人们感兴趣的信息。甚至能传送信息的机构都很少，报纸的纸张及广播或电视的传送带宽通常受到了严格的管理。这就是中央控制、自上而下、一对多的传统基本模式。这一模式严重抑制了公民新闻的发展。1991年，蒂姆·伯纳斯·李发明了后来演变成万维网技术的超文本链接，可以分享并编辑信息，从而形成了网络的社会功能核心。以往的准入限制不复存在，信息日益商品化，运用博客或播客，网络信息可以即时获得并可以基本实现信息分配的零成本。现在的模式是自下而上（或由边缘到中心）、联播式、点对点的，系统中的一切都从一对一到多对多。社会网络功能（即我们现在所说的社会联网）推动了现在的信息传播，包括公民新闻的巨大变革。体现在新闻业中，网络的影响力对传统新闻机构形成了挑战，迫使行业提高了透明度并担负责任，使自由信息的广泛传播能够实现，并且通过自由表达的辩论重新将公众聚合。事实上，公民新闻或公共传播意味着一系列不同的行为，这些行为有着不同动机、不同目的和不同效果。借助网络或科技所提供的机会，公众表达自己的意见，分享自己的经历，正是公民新闻不同于以往传统新闻的主要区别所在。

公民新闻大致分为四种不同的分享方式❶。

---

❶ 约翰·欧文，希瑟·普迪. 国际新闻报道：前线与时限 [M]. 李玉洁，译. 北京：中国人民大学出版社，2012：134.

一是经历的共享。即目击者分享报道的经历。这种分享方式包括将手机拍摄的照片发送给新闻机构，或者用电子邮件的方式发送自己所看到的场景，后来则是越来越多的运动录像的形式。在条件允许的情况下，新闻机构总会采访目击者，并使用他们的照片。目前，事件的目击者可以直接将他们的材料发送至媒体的新闻组。2005 年，一系列重大的事件发生，而移动设备在这一年也逐渐普及。可拍照手机和小型数码摄像机捕捉到了 1 月份亚洲海啸的影响、2 月份亚洲地震的后果及 7 月份伦敦地铁爆炸和邦斯菲尔德的油库爆炸事件。在"7 · 7"伦敦爆炸案中，被困在充满浓烟、并不断发出警报声的车厢大约 40 分钟的亚当 · 斯泰西，经疏散后走出车厢。当他看到其他人并不知道这里曾遭受过的炸弹袭击时，他打开手机的摄像头，让他的朋友埃利奥特拍下照片，记录下了他正在工作的同事。得知一些新闻网站正在使用民众拍摄的照片时，斯泰西第一个把自己拍的照片发送给了《太阳报》。该照片还被英国的一家博客网站——Moblog 使用，并传播到全世界。最终这张照片被《时代》杂志选为 2005 年最棒的照片之一。幸运离开爆炸车厢的雷切尔 · 诺斯在随后的几天里，也为 BBC 撰写自己的亲身经历，后来放到了她个人的博客中。每个人分享这些直接经验的动机有所不同，但一般来说，这些人并不视自己为记者。他们仅仅是被卷入到非常事件中的个人，希望分享自己的所见所闻。而一些机构就是通过代表公众中愿意向新闻机构出售他们新闻素材的人，而逐步成长起来的。但是，这些人至今仍然只有边缘的影响力，而这种影响力还取决于可获取资料的数量，以及分享者的原始动机是出于分享和参与而并非为了获利。应该说，得益于移动通信技术，大部分事件都有着丰富的影像资料。大众传媒兴起之初，就有了类似方式的经验分享。但现在的技术进步则转化为目前可获得的资料的数量，继而转化为新闻机构重要的影响力。

二是意见的分享。即通过博客进行观点分享。网络环境下，新闻网站上的博客链接或者博客上的新闻网站和网页链接可以进行意见反馈，并对问题展开辩论。公民新闻网站，比如 Digg.com 或 Netscape.com，这些网站用推荐和投票得出最佳板块，反映出读者的观点，也传达着核心故事。传统的观众热线电话直播节目使得公众可以通过大众传媒交换意见，并成为广播谈话类节目的主要形式，其讨论和主题不断延展，充当了公告板和博客的角色。对于媒体来说，拥有这种挖掘受众观点和意见的能力，可以使媒体能够以相对较低的成本制作新闻。互联网诞生后，公众利用博客（包括播客和视频博客）公开表达意见的能力大大增强，节目主持人不再需要，意见在公共场合中爆发，会引发多种影响。他们已然向一些新的新闻机构施加压力，要求公平、客观的传统报道框架。显然人们对于观点有强烈的需求。受众从网上免费获取精彩评论的行为损害了专栏作家的地位和价值。但同时，这也为新闻机构以新的方式整合读者、听众和观众的观点带来了挑战和机会。传统媒体提供真实、准确的高质量内容，但缺乏灵活和效率；博客写手们和非正式的上网者却以代表大部分社会样本的方式提供对于重大事件有价值的意见，并使得一些意见领袖从大众中脱颖而出，但博客写手们缺乏聚焦能力、目的性和组织性。Newsvine 就是这样一个网络平台，为那些有故事却苦于没有制作和发表这些内容的条件的人提供方法，使其可以在共同感兴趣的话题上相互影响。网站起初是基于对于从美联社获取的原始新闻的讨论，用户可以评论新闻报道，现场相互交流，形成自己的内容并作推荐，建立用户自己喜欢的读者和作者网络，并可以在网络上的其他地方以有趣的题目"售卖"自己的网站。因此，网站的核心是对于新闻的评论和建立了一个用户观点评论的社区，鼓励用户把任何事情转化为对话。创建以来，网站发展迅速，超过 50% 的内容来自双重信源，主要在讨论的数量、交流和贡献方面，但美联社的传送线像船锚一样吸引用户关注和新闻相关的议题。为精细化，网站还推出了组群或者是私人交谈族群，超越了在同一个区里进行讨论的方式。这使更小范围的群体可以在最开始的大群体中找到自己需要的讨论区，并引入了用户效率和信赖程度评分系统。Newsvine 最具开创性的是将传统新闻输出与用户评论和观点表达联合起来的方式，以及其倡导的多重社会功能，可以找出发生了什么事，也可以阅读自己特别感兴趣的新闻或参与大范围的观点表达和讨论，并将重点放在了传统媒体与公众意见整合方面，从而吸引用户付费。另外一些分享观点和意见的平台则是像诸如 Bloggers. com 这样的可供免费使用的最简单的博客网站。2003 年伊拉克战争期间的"萨拉姆·帕克斯"就是这样一个最早的典型案例。萨拉姆·帕克斯在网站上撰写博客，叙述在巴格达战火中的生活及战争进展情况，被《卫报》《纽约时报》和 BBC 采用，其传达的内容要比任何西方记者的报道都确实可靠。随后，他又从博客网站转到了一个定期出版的报纸专栏中。这是博客所能够带给公众空前的真实生活和对普通人的关注。这也是在伊拉克战争中，萨拉姆·帕克斯的博客所能反映出来的，而传统记者却不能做到。

三是发现的分享。即网络上原创的调查性报道——分享发现。这种分享有时候是通过传统的调查性报道，个人揭露具有新闻价值的事情，或者偶尔由一个团队完成。有时是一群博客写手抓住一个事件，直至揭露事情的真相才罢休。伊拉克战争打响后，来自加利福尼亚的博客写手马克·克拉夫特于 2004 年 11 月 12 日曝光了伊拉克曾使用白磷炸弹。马克·克拉夫特报道士兵经历的故事，分享与伊拉克国内其他被传统媒体忽略的新闻，同时，他还发布士兵泄露给他的一些照片。但是，马克·克拉夫特的调查报道都是建立在网络之上，以网络搜索、博客和线上社团的形式，而不是在现实生活中的场所。最终，英美的新媒体采用了马克·克拉夫特报道的伊拉克使用白磷炸弹的新闻。但是，如果没有马克·克拉夫特对网上社区的使用，以及触碰到使用白磷炸弹这一事实，这一新闻可能永远不会报道出来。同样，互联网为调查性报道提供给了强有力的平台。瑞典博客作者玛格纳斯·扬奎斯特利用《信息自由法》（1766 年）检查了刚上任的瑞典贸易大臣玛丽亚·博莱刘斯的纳税申报单和财务收入，发现贸易大臣逃税，包括没有支付 20 世纪 90 年代雇佣的清洁女工的工资税。扬奎斯特将该事件告诉《瑞典晚报》，但《瑞典晚报》拒绝公布。于是，扬奎斯特便在博客上予以公布。瑞典另一家报纸《快报》在扬奎斯特发布帖子的第二天报道了这一新闻，上任仅仅八天的博莱刘斯很快辞职。发现的最广为人知的分享是"拉瑟门"事件：人们发现了 CBS《60 分钟》节目中一条由丹·拉瑟播报的新闻出现了重大错误。2004 年 9 月，《60 分钟》报道了乔治·W. 布什在美国国家警卫队的记录中受到的指责，声称这份记录文件属于布什当时的上级杰利·B. 基利安。节目播出几小时之内，网络论坛和博客均质疑该文件的真实性，并证明文件系伪造。起初，CBS 为此进行辩护，但在博客写手及竞争对手持续两个星期分析的压力下，CBS 收回之前的说法。CBS 的新闻主席也公开承认错误并表示歉意。节目制作人玛丽·梅普斯遭到解雇，而拉瑟则被迫宣布提前退休。对于这一事件来说，博客作者通过观察和专业知识聚合，比专业记者提供的信息更加充分准确，说明了群体智慧的力量，同时使大型新闻机构承担责任，逐渐摧毁了传统媒体报道的准确性权威。

四是专业知识的共享。一个人无论写什么或播放什么，总会有人了解得更多。丹·吉尔摩（《我们就是媒体》的作者）在主持《圣何塞水星报》（San Jose Mercury）IT 专栏时，认为许多在硅谷工作的读者甚至比他更了解他所进行的项目，他的写作显然难以具有权威性。后来他发现，如果他可以驾驭他读者群中的专家，他的专栏就能成为国内知识面最宽泛、最专业的 IT 专栏。所以，丹·吉尔摩通过博客吸引人们的评论，让读者自己掌控新闻。在新闻业中，新闻机构应依赖公众在大范围的层次上协助报道新闻；同时，作为网络，新闻机构应为公民获得内容、推广、教育和收益提供支持。新闻业中将不仅有职业记者与非职业记者层面上的合作，还有相互认同的合作，也就是说，新闻机构可以和新闻现场的目击者取得联系，并提供支持，从而获取新闻报道。这种做法意味着新闻记者的角色及新闻记者与受众的关系将发生变化：传统的新闻记者将从新闻的拥有者转变成新闻的主持者、编辑和促成者。借助受众帮助，获取新闻方式和渠道的多样化也将确保新闻的真实性，拓展新闻学范围、提升新闻学品质。纽约大学教授杰伊·罗森及其同事经营的 NewAssignment. Net 就是这样一个网站，率先尝试了"开放资源"的报道方式："公民"用户和"专业"记者之间不存在对立，职业记者与非职业记者共同合作，完成一些任何一方都无法单独完成的工作。网站付给职业记者酬劳，但他们的工作与贡献内容的用户关系密切，以刺激用户贡献自己所看到的新闻。

NewAssignment. Net 的网站开办理念是：挖掘公众的经历和专业才能，将其作为广泛传播的一种形式；专业记者在对公众提供的素材信息进行整合和开发之后再将"报道"传播出去。明尼苏达州公共广播电台推出的"公众视角新闻"，同样是利用受众专业知识的做法，建立专门的数据库让专家帮助记者提供对事件更为丰富的观点。"分享受众所知道的，成为明尼苏达州广播电台的消息来源"，因此，"公众视角新闻"网站页面，同样邀请公众加入制作人与记者的网络。明尼苏达州广播电台新闻部门的总经理迈克尔·斯科拉认为："如果媒体组织能够集合公众集体的能量和智慧，媒体就会把传统新闻业的力量——社论的判断、事实核查制度及对真相的追求带入更好、更值得信任的新闻报道的新时代。而如果媒体组织不这样做，未经把关的、网络博客式的新闻将以其强势力量超越传统新闻媒体，媒体组织也将失去向公众告知关键事件的有力渠道"。❶

公民新闻不仅鼓励受众参与内容生产，而且还让新闻或信息透明化：让新闻组织解释报纸或电视如何选择新闻、如何报道新闻，将编辑会议进行网络直播，让受众收看新闻生产的全流程。信息透明并不局限于报刊组织。电视新闻机构也提供解释编导决策的博客。CBS 新闻秀栏目（CBS News Show）在其网站上开辟了一块"公众眼"的板块以提高新闻透明度。"公众眼"通过视频叙事、常规的新闻故事，甚至将社区受众带入新闻编辑会、控制间和编辑间等，掀开门帘。一方面告知大家新闻如何形成；另一方面记录下质询、批评和观察，并努力回馈一些疑问，给出解释和分析。提高新闻透明度的实践增多，部分原因是在融合传播环境中，公众获

---

❶　约翰·欧文，希瑟·普迪. 国际新闻报道：前线与时限［M］. 李玉洁，译. 北京：中国人民大学出版社，2012：140.

得了更多的公共监督和舆论批评的空间；另一部分原因是媒体丑闻事件的发生。公民通过暴露新闻中的错误，成为媒体的监督者。不断下降的报纸发行率、电视新闻收视率是促使媒体组织与受众进行更多互动、提升彼此信任的另一重要原因。

回顾人类传播的轨迹，互动性在人类传播的过程中正好形成了一个"U"字形，也就是说，在口头传播时期，传播的互动性最高；以报纸、广播电视为代表的大众传播阶段，互动性相对来说最低；互联网的发明、新媒体的出现使互动性重新出现，尤其是在 Web 2.0 技术出现后，博客、SNS、微博的兴起使得网民互动空前高涨。麦克卢汉（1967）认为由于使用媒介的不同，人类会经由"部落化—脱部落化—再度部落化"三个阶段，电子媒介则会"使人们重新体验部落化社会中村庄式的接触交流"。韩国 Ohmy News 网站创办者、现代公民运动的发起人吴延浩也认为自己没有创造"每个公民都是记者的概念"："我只是重提一个被遗忘已久的概念，那就是追溯到面对面传播是新闻传播唯一方式的时代。在报纸和专业记者出现之前，每个公民都是一名记者，社会存在真正的互动。'Ohmy-News'复原了那种状态"。● 从这个意义上说，人类互动性的重新获得是在重新部落化过程中得以实现。但正如同一个人不能两次踏进同一条河流一样，再进入的河流已经和原来的河流大不相同。如果说前工业时代的互动性是在熟人之间发生，那么重新部落化后的互动性则主要在陌生人之间进行，正因为如此，信息性或新闻性就更显出其重要特征，杰·罗森指出"当从前作为受众的人们使用其所拥有的新闻工具彼此互通信息的时候，公民新闻也得以产生"。人们越来越通过与其他人的随机决定分享内容来了解世界。当新闻赖以产生的组织、技术与制作变得廉价易用，新闻就不完全是一种专业，更主要的是变成了一种活动，就需要考虑对话、讨论及与情境密切相关的行动，重点不是是否获得信息，而是在获取信息之后如

● 约翰·欧文，希瑟·普迪. 国际新闻报道：前线与时限 [M]. 李玉洁，译. 北京：中国人民大学出版社，2012：131.

何使用。同样，新闻也不是作为一种人造物存在，新闻存在于人们的参与中。因此，公民新闻有时候就被称为参与式新闻。在互动性彰显的新媒体情境中，原来被动消费的受众变成了主动创造和分享的授众，传统媒体的传播权力得到消解和分化，有关内容的传播从大众媒体转移到大众手中。BBC 总监马克汤姆森正是敏锐地注意到这一权力转移，这种新型的受众称为"积极的受众"（the active audience），他们是内容贡献者、生产者和批评者，他们要拥有媒体的控制权而不是被媒体做控制。与此同时，传统媒体自身同样在经历这场转变，"媒体消费者即受众将会最终判断什么新闻重要和哪个新闻值得报道。这些受众正在变化，对新闻工作者的要求同样在变""甚至是新闻自身也在变化。报纸、广播和电视台……有时一起合作……正在变为公共事务的参与者，而不仅仅是观察者。为了谋求生存，新闻学和民主必须相互依赖，一项叫作公民新闻学或公共新闻学的运动回应了这种认识。'公民新闻学'力求推动民主的进程，而不是旁观这个进程，报道它的失败"。❶ 将业余或公民新闻并入正规的新闻生产，被认为是数字技术扩张的结果和一种真正的创新，可以清楚证明其有能力影响媒介自身权力的不对称。因此，公民新闻的一些关键特点表现为：第一，去除了新闻活动的中间人；第二，新闻的流动以人际传播的方式出现；新闻工具包括写作工具（博客和微博）、采集工具（数码相机或摄像机）、传播工具（即时通信和手机），分享平台（Flickr 和 YouTube）及类似 Facebook 和 Twitter 这样的社会性网络等使得公民能够从事新闻活动。公民新闻旨在通过公民群体参与采集、报告、分析和发布在线新闻信息来振兴公共领域。一些西方媒体明确提出要把普通公民吸纳到新闻生产中去，如地方印刷媒体中的"公共新闻"项目及支持跨媒体的"公民新闻"机构的持续运动。成功的公民新闻项目如独立媒体中心网（Indymedia）或韩国的（Ohmy-News）。个人博客网站的增加也是公民新闻的反映。值得指出的是，博客和新闻记者两大群体有时重叠严重，新闻记者视博客为论坛，表达他们无

---

❶ 布雷恩·S.布鲁克斯. 新闻报道与写作［M］. 范红，译. 北京：新华出版社，2007：3.

法并入传统新闻媒体的观点。总体上讲，公民新闻实践的方式将会有助于新闻业重新联系社会，重建对新闻业社会功能的信仰❶。

三、新闻消费性或娱乐性的彰显

"媒介融合通常被定义为报纸、电视台、广播电台、网站多媒体协作，以最佳方式报道新闻，但对我来说，媒介融合更多的含义是按受众乐意的方式提供给内容和形式，让受众可以随时随意获取新闻。"❷ 美国堪萨斯州的《劳伦斯世界日报》（*Lawrence Journal-World*）创造了一种"多媒体时间胶囊"，即报纸和合作电视台邀请全社区的居民参与报道，将自己的生活记录以播客、博客、视频、照片或者文本的形式发给他们，然后报纸、电视和网站以文本、视频和音频的方式24小时不间断地进行报道。信息的传递可以使用多种方式，持续萎缩的报纸发行量，电视新闻台日益加剧的竞争及互联网上的海量信息都在促使新闻机构不断开拓吸引受众的方式。能够对受众的生活有所帮助的消费、健康及其他资讯类报道变得越来越受欢迎，新闻的有用性突出出来。同时，可以让受众感到轻松愉快、具有娱乐价值的新闻也越来越多。李普曼曾经把报纸描述为永无止境的、不会长时间停留在某一点上的、覆盖面不断扩大的探照灯。❸ 事实上，受众的需要和兴趣才是探照灯，它照到哪里，记者就跟到哪里。一般而言，体育版和生活版的很多特写报道都可以被列入娱乐报道类。娱乐报道通常具有名人效应或人情味特征，但新闻和娱乐之间的界限也更难分清。美国全国广播公司著名的谈话栏目《夜线》（*Nightline*）的前节目主持人特德·科佩尔在接受《前线》（*Frontline*）节目采访时说："我们正在用娱乐的标准来

---

❶ 特纳. 普通人与媒介 [M]. 许静，译. 北京：北京大学出版社，2011：60.

❷ 卡罗尔·里奇. 新闻写作与报道训练教程（第6版）[M]. 钟新，王春枝，译. 北京：中国人民大学出版社，2012：3.

❸ 沃尔特·李普曼. 公众舆论 [M]. 阎克文，江红，译. 上海：上海人民出版社，2006：229.

选择新闻——换句话说，我们提供受众他们想要的，而不是他们需要的"。❶ 正是敏锐地意识到这一点，在美国，传统的互联网公司微软进入了媒体行业，引入以新闻为中心的在线网络服务，并从报纸和广播、电视台大量招募员工，足以证明媒体消费市场潜在的巨大利润。很明显，微软、美国在线—时代华纳及麻省理工学院的内格罗蓬特对未来的前景有一种共识：娱乐和新闻媒体将融合为一种新的信息载体，它能够根据消费者的要求传递文本或视频新闻、信息及首轮效应的电影。这种远见是 20 世纪 90 年代人们对媒介产权进行疯狂购买和出售，以及在 1996 年《电信法案》（*Telecommunications Act*）通过之后对媒体整合放松管制的基础。随着企业设法在未来的媒体市场中定位他们所扮演的角色，媒介前景发生了巨大的变化。❷

与企业的商业敏感相伴随，进入现代的媒介话语和话语呈现方式说明：在现代性的宏大背景下，媒介话语的"生产性"正在转向成后现代背景下的"消费性"，消费至上意识支配着媒介话语的生产与传播，并成为现代资本主义文化条件下的意识形态；作为生产意义的媒介话语包含着浮躁的社会关系，而在这一意义生产过程中，媒介话语再组织了其他非传媒话语形式从而达到符合大众传播的模式和意图；当然，媒介组织也拥有话语生产的强大资源与权力，但在现代的传播环境中，特别是网络传播的特殊情境中，公众通过顺从或抵制的方式对话语生产的权力关系产生着无形的影响。约翰·费斯克就认为，大众可"权且利用"其话语形式，创造性地、有识别力地使用资本主义提供的资源，从而使大众文化成为自己的文化。这同样在现实中得到验证。据调查，59% 的美国人通过线上或线下的组合获取新闻，互联网成为仅次于地方电视新闻和全国电视新闻的第三大新闻平台。由于情绪影响或兴趣等原因，网络新闻获取具有极大偶发性和随机性，新闻标题的命名很大程度上影响着整条新闻的点击率和浏览量，

---

❶ 沃尔特·李普曼. 公众舆论 [M]. 阎克文，江红，译. 上海：上海人民出版社，2006：12.
❷ 布雷恩·S.布鲁克斯. 新闻报道与写作 [M]. 范红，译. 北京：新华出版社，2007：28.

(值得说明的是，这也是新闻标题党产生的直接原因)。传统媒体或职业记者和编辑用来判断什么是新闻的标准可以归纳为以下几个词："相关性、有用性和趣味性。相关性、有用性和趣味性是判断任何事件、问题或人物是否具有新闻价值的总的原则"。❶但新媒体情境下的在线新闻对于新闻信息的态度则直接促使意见崛起成为在线新闻内容的基本类型。美国"政治博客极可能是一个更为成功的领域，它的里面既有信息又有意见，其中消费者的评论占据节目内容和节目吸引力的很大部分，新闻则作为一种方式被利用，以产生对这种节目来说最重要的参与"❷。

与此同时，大多数网络用户并非完全开放式搜索信息或并不单一使用某固定网站，而是借用 2~5 个网上新闻源以获取新闻。获得新闻方式的便携化、个性化和参与性直接影响到新闻标准向消费性或娱乐性的变化。以 2011 年 5 月 1 日 "拉登之死"的新闻报道事件为例，新闻发生之初，主流媒体、微博和博客分别针对不同议题展开攻势。其中，主流媒体对袭击事件的细节进行报道（占报道量的 25%）；Twitter 和 Facebook 聚焦于幽默话题（占报道量的 19%）；博客则关注该事件的报道（占报道量的 14%）。5 月 1 日晚间拉登被枪杀的新闻公布之初，许多人登录 Twitter 或 Facebook 传播或分享他们对该消息的反应，对大多数社交媒体的传播者而言，最初的本能是对这一事件的戏谑。到 5 月 7 日，博客对此的新闻链接占到链接总数的 80%，使得这一新闻事件的话题讨论成为皮尤中心自 2009 年 1 月追踪博客新闻以来的单周最热话题。"拉登之死"的话题讨论也占据了 5 月 2 日到 6 日间微博新闻链接总数额 50%❸。

由此可见，专业性的新闻媒体对新闻消费者固然重要，但在现代技术已经渗透进他们关系方方面面的基础上，部分受众似乎并不想再让媒介介入更多；他们据己所好，直接从自己的新闻来源中获取新闻，甚至干脆自

---

❶ 布雷恩·S.布鲁克斯. 新闻报道与写作 [M]. 范红，译. 北京：新华出版社，2007：5.
❷ 特纳. 普通人与媒介 [M]. 许静，译. 北京：北京大学出版社，2011：61.
❸ 崔波. 社交媒体正在改变新闻传播方式？ [J]. 国际新闻界，2011 (10).

已制作新闻，换句话说，新闻消费者在消费新闻的同时能积极参与新闻的生产、传播甚至编辑。另外，由于社交媒体的介入，消费者的新闻态度也发生了变化：人们在网络中的对新闻的经验正在成为一种可被分享的社会娱乐体验，"新闻内容正在变异为一种混合的信息娱乐类型。新闻与娱乐的融合，以及新闻活动、公共关系和宣传的产业一体化，正在为新闻从业者和新闻受众重新定义新闻"。❶ 从被动的受众转变为参与式的消费者，借用约翰·菲斯克"大众文本"的概念，可以将通过社交媒体传播的新闻称之为"大众新闻文本"，它满足了大众权且利用的各种需要——消费新闻文本的需要、理解新闻事件的需要和享受新闻传播的需要。与"专业新闻文本"将新闻作品经典化、高雅化并将经过筛选的新闻价值传导给受众不同，"大众新闻文本"意味着新闻消费者将新闻作品的资源化，倾向于从中筛选与其自身社会经验相关的意义，并通过个人的理解生产出新的新闻文本。正是这种碎片化的"大众新闻文本"，在社交媒体的推动下广泛传播，与"专业新闻文本"形成了或对抗或消解或协商的局面，从而使新闻议题得以在专业性新闻组织和新闻消费者之间运动。作为超越文化鸿沟的新意识形态，消费主义体现的正是资本主义文化的全球性扩张和全球媒介帝国所带来的后果。全球媒介帝国的形成，使得全球性的商业文化得以生产和消费，媒介机构被完全等同于经济体制的生产商，受众则被理解为消费者及市场。商品的符号价值凸显，同时，媒介的社会功能和意义成为批评的焦点。

在融合传播情境中，传统的新闻报道方式发生了巨大变化，一种新的新闻报道形式正在出现，或许最好的描述是将其称为"全景化报道"。"全景化报道"包含五个基本方面：一是传播形式的广泛性；二是超链接；三是增强受众参与；四是动态化内容；五是个性化服务。就传播形式而言，在融合传播环境下，新闻可以利用所有的传播形式，包括文本、音频、视频和图表等。约翰·帕夫利克曾在《新闻业与新媒介》中提出一种名为是

---

❶　特纳. 普通人与媒介 [M]. 许静，译. 北京：北京大学出版社，2011：60.

360 度拍摄和全景成像的新媒介技术，将视频展示为全景或是全景中的具体部分。同时，一种带 Java 应用程序的全景相机还可以允许诸多取景者同时移动、倾斜和升高取景视野中的任何地方。全景相机可以观测到整个场景而几乎不存在盲点，并能够取代智能设备和控制系统使观众观测到场景的不同部分。应用在新闻报道中，一方面，全景相机可以使记者以一种新颖和也许进步的方式做他们已经在做的事，记者可以得到所有视频，同时使记者在采访中不必切换镜头；特别是在军事冲突时期，记者只需要简单地把全景相机放在三脚架上，自己蹲伏下既可以避免危险，又不会漏掉战争画面。即使平时，像在现场事件，如抗议、交通堵塞，将全景相机放在警察巡逻车的仪表盘上，事件的整个画面仍然能够拍到。另一方面，全景相机可以改变报道方式，提高传播的效率、准确性和速度，并更好地控制新闻事件，提高新闻的可信性。"全景或沉浸式音频能使报道者不仅按受众口头提出的要求提供新闻，而且能制作出现场音响，使固定和流动的受众仿佛身临其境。"❶ 全景化报道的第二个方面是超链接。所谓超链接就是通过使用超链接或链接指向通向其他在线内容。链接相关新闻和其他相关信息，将新闻置于更丰富的历史、政治和文化的背景中，同时调动了新闻受众的参与积极性。事实上，超链接使得新闻受众不只是在阅读新闻，更是在通过数据库查证新闻。"新闻不再受模拟时代媒介技术，不论是印刷媒体、电视还是广播的限制，而是所有的人类传播方式都可以用来报道一则最引人注意的、互动的、实时的、可以满足受众个性化需求的新闻。"❷ 超链接还促使面向受众对象的多媒体随之产生。面向对象的多媒体指的是制作全动画的音频和视频的数字对象。使用更新的网络技术，报道者可以合并线性和多线性叙述模式，通过视频流将每种图像制成数字对象，每个对象比如人、地点或建筑，都可以被编成附加内容层，比如背景描述、互动图表和附加的动画、音视频，或链接到互联网的其他网站，所有这些附

---

❶ 约翰·帕夫利克. 新闻业与新媒介［M］. 张军芳，译. 北京：新华出版社，2005：16.

❷ 同❶19。

加内容层都可以通过点击鼠标获得。全景化新闻的第三个方面是受众参与。增强受众参与的一种方式是使用沉浸式叙述，即以一种转换成电视播放模式的新形式在三维环境中展示新闻并与新闻互动。在 CBS News 中，从有关伊拉克的冲突到巴西热带雨林为背景的环境报道，再到克林顿总统1999 年的国情咨文。通过高分辨率的遥感卫星成像和其他成像设备，还通过已知的"地理信息系统"（GIS）提供的精确数据，三维动画提供了以二维图像为基础的实际建筑、城市和地区精确的三维展示。全景化报道的第四个方面是动态内容。实时、及时的动态内容能更好地展示现实生活中的事件和进程。通过网络，受众可以想马上知道，并能尽可能得到最新的信息。最后，融合传播环境中的新闻可以以其他媒介不可能的形式满足受众的个性化需要。与前面四个方面一起，新闻本身的个性化可以为受众提供比印刷和广播等传统模拟媒介更全景化、更特别和更多维的报道。现在网络所展示的个性化更多的是获得符合个人生活状况的个性化新闻，但并不过滤掉重要新闻。其中，推荐和订制就是最为常用的两种个性化方式。

全景化新闻对于公众和新闻业的好处是能提供更吸引人的报道，更全面的信息和更好反映日益丰富的社会复杂性和细微性。这种新的模式还能为受众提供新闻报道和事件的综合视角。通过提供对可能发生或不可能发生的事件的不同视角，新闻可以通过揭示尽可能多的可证实的事实使得受众更容易理解事件进程，通过利用这些事实，受众可以得出自己的结论：什么发生了或什么没有发生。不论是否可以达到客观和真实，客观和真实能在将结构和全景置于网络多媒体和互动环境的媒体中得到最好的保障。新闻业正在经历着重大转变，也许是自 19 世纪中叶"便士报"出现以来最重大的转变。在新旧世纪交替之际，一种新的新闻事业正在出现，其显著特征包括：新闻无处不在，在全球各地都可以获取信息，报道迅捷，互动性，多媒体形式的内容和完全按照受众个性化需求提供的内容服务。英国哲学家、法学家边沁曾提出圆形监狱的设想。圆形监狱由一个中央塔楼和四周环形的囚室组成，每个囚室有一前一后两扇窗户，一扇朝着中央塔楼，另一扇背对塔楼。窗户的安装和光线的调整经过特别设计，使得处于中央塔楼里的监视者可以轻易地监视囚犯的一举一动。凭借着这种对信息资源的垄断，管理者实现了对社会的有效治理。但是，随着传播技术革命的到来，这种信息不对称的情况发生了根本的变化。在新媒体时代，每个独立个体都可以自由地进行信息沟通和交流，成为掌握话语权的中心。随着信息的自由流动，"全景监狱"的围墙、窗户、瞭望塔和岗哨被一一拆除，我们跨入了"共景监狱"的时代。

第二节　传播主体的多元权力建构

20世纪90年代，在互联网尚未普及的时候哲学家波斯特就预言了"第二媒介时代"的来临。波斯特认为，与20世纪大部分年代里盛行的"广播型传播模式"对应，随着信息高速公路及卫星技术与电视、计算机和电话等的结合所逐渐形成的替代模式，一种集制作者、销售者和消费者于一体的系统正在形成。这是对交往传播关系的一种全新构型，其中制作者、销售者和消费者三个概念的界限不再分明，双向的、去中心化的交流成为其主要特征，这就是第二媒介时代的基本观点。波斯特如此划分表明在全新的传播情境中应当采用全新的范式，不再承认原本作为前提存在的"理性、自律"的主体，更多关注多元化、去中心化的主体被建构；更多回归到语言学取向来看待社会问题，应当更多关注交流本身及主体的形成过程。

与此相呼应，在现实的信息生产过程中，传统的大众媒体由于各种技术的限制，基本上都是区域性的传播。"崭新形式的媒介意味着崭新形式的传播，而这又意味着新的关系的形成及新的权力和影响力中心的出现。"❶随着新媒体传播技术的发展，如果没有人为管理因素的限制，在新媒体的平台上，所发布内容理论上都是面对全球所有的使用者的。就传播者而言，所有的人都可以成为传播的主体，这使得大众传播的领域得到了极大的延展。传统媒体是传播者和接受者之间的博弈场，无论如何受众在其中都始终处于被动的位置。也就是说，传统媒体归根到底是一种少数人对大众的传播载体。新媒体提供的一种可能是，任何使用者都可以在新媒体平台上发布信息、言论等各种内容进行地位对等的交流，通过与其他参与者的互动发出更多的声音，这种信息与思想的网众传播是对传统媒体内容生产方式的彻底颠覆，使新媒体内容传播模式呈现多个网状，原创性日益增强。参与国际新闻传播的力量也越来越多，政府、专业传媒组织、企业、社会组织及自媒体是最重要的五种。❷

在传统的国际新闻传播中，政府由于占据特殊的地位，政府始终是主导性的传播主体，即所谓的"强势主体"。虽然多元化传播主体的出现已经开始打破政府主导的传播格局，构成对政府传播主导地位的挑战，但在众多传播主体中，政府依然处于优势性的传播地位，并对其他主体的传播行为实施着把关控制。❸跨国公司也是推动国际新闻传播产生和发展的一支主要力量。通过合资、合作及其他形式的组织和金融联合，以前从属于界限分明的国家传媒系统的媒介机构与主要的跨国集团不可分割地联系在一起。类似地，媒介消费和生产变得全球化，进而形成了一个"新的文化劳动的国际分工"。❹当前国内公司的跨国经营活动还在进一步扩大，公司数量也在不断增加，其传播活动越来越多样化。

全球化的一个重要成果是各种类型非政府组织的崛起。非政府组织类

---

❶　斯坦利·巴兰，丹尼斯·戴维斯. 大众传播理论：基础、争鸣与未来［M］. 曹书乐，译. 北京：清华大学出版社，2008：64.

❷　刘国强. 从国际传播到全球传播的范式转换［J］. 新闻爱好者，2010（5）：6.

❸　程曼丽. 国际传播学教程［M］. 北京：北京大学出版社，2006：52.

❹　同❷7。

型多样，功能繁复，跨越国界进行相关议题的交流。非政府组织传播主体和主流传播结构之间的确切关系非常复杂。以互联网的产生和普及为主的传播新技术的迅速发展使得个人的跨国界传播成为可能，理论上讲，任何人只要建立个人网站或拥有个人主页，便可与全球网民进行信息和影像的交流。个人化的"自媒体"随即产生，"德拉吉报道"网站就是个体作为传播主体得到确立和彰显的典型范例。

1995 年，从小就有新闻梦想却从未受过新闻专业培训的美国马里兰州犹太裔青年马特·德拉吉创办"德拉吉报道"网站，也是其个人博客网站。当时德拉吉 29 岁，正在哥伦比亚广播公司属下的礼品店工作，并拥有一台改变了其自身命运轨迹的电脑。正是在这台电脑上，德拉吉不断更新网页，通过邮件列表发布种种报道。由于德拉吉报道的内容转向关注政治圈的"内部消息"，网站成立两年之后，"德拉吉报道"在美国率先发布黛安娜车祸身亡消息，比美国各大电视网早 7 分钟。很快，"德拉吉报道"的电子邮件订户迅速超过 5 万多人，网站点击率达到每天 4 万次。1998 年 1 月 17 日，"德拉吉报道"向其遍布世界各地的近 5 万名新闻邮件订户发送"世界独家新闻"，"德拉吉报道"网站同时公布，这就是后来人所共知的美国前总统克林顿与莱温斯基的性丑闻事件，"在最后一分钟，星期六（1 月 17 日）晚上 6 点，新闻周刊杂志枪杀了一个重大新闻。这条新闻注定将动摇华盛顿的地基：一个白宫实习生与美国总统有染"，这一则新闻比《新闻周刊》通过 AOL 发布早了 4 天（1 月 21 日）。2001 年 9 月 11 日 "9·11"恐怖袭击当天，博客网站成为重要信息和灾难亲身体验的重要来源，博客网站正式步入主流社会的视野。2001 年 9 月 16 日，"德拉吉报道"首次跻身网站访问量前 20 名，超过了《今日美国》和《华盛顿邮报》的网站，并拥有每月 6 亿的浏览量。2006 年，美国《时代》周刊将德拉吉评为"全球最有影响力的 100 人之一"。2008 年 2 月 28 日，"德拉吉报道"网站曝光英国王位继承人哈里王子在阿富汗前线的服役视频，哈里王子只能提前撤回英国。2011 年，尼尔森对全美 21 家大型新闻网站进行研究后发现，"德拉吉报道"对新闻网站的影响力大于 Facebook，在网站流量排名中位居第二。无论出现何种突发新闻，"德拉吉报道"网站每月的独立用户访问量都稳定在 1200 万次至 1400 万次之间。网速翻天覆地提升的 14 年里，"德拉吉报道"网站版面至今基本没有发生什么变化，也没有推出过重要的新功能，甚至没有专职人员制作原创内容。与德拉吉共同创办德拉吉网站的朋友布莱巴特对于网站的运营模式非常清楚，"德拉吉不会搞 SEO，也不关心下一轮互联网创新，他只关注最好的新闻。他给人们提供所有他们想要获得的内容"。美国《旗帜周刊》撰稿人马特·拉巴斯认为："德拉吉的聪明之处在于简约和版面。没有标签，没有跳转，即使标题比以往多了一些，但仍然没有什么凌乱感。他坚守了这一模式，从来不曾改变。"

促成大众传播的逻辑主要是政治逻辑，或耳目喉舌功能；市场逻辑，或利润至上功能；专业逻辑或新闻专业主义功能。同样，分享主义原则、自身利益原则或基于认同的集体利益和新闻专业主义理想从三方面助推了网众传播规模的形成。❶ 如果说"德拉吉报道"网站还是出于分享或自身利益考量的话，"赫芬顿邮报"网站更大程度上隐含了新闻专业主义的要求。2005 年 5 月，美国政界名流及评论家、55 岁的阿里亚纳·赫芬顿与两位好友共同创建政治博客网站——"赫芬顿邮报"。作为当时新崛起的新媒体网站，"赫芬顿邮报"打出了"第一份互联网报纸"的口号，并能在经济不景气的大环境下积极引入风险投资，并购其他网站，显示了强劲的上升势头。2007 年 4 月，赫芬顿发起 2008 年美国总统大选网上辩论会。目前"赫芬顿邮报"网站日均独立用户访问量达到 2500 万用户，成为全美最有名的政治博客网站，在美国《时代》杂志评选的"25 个最好的博客"中排名第一，英国《卫报》评出的"50 个最有权势的博客中"名列榜首，也成为美国最受欢迎的五大新闻网站之一，赫芬顿因此入选 2006 年《时代》杂志全球最有影响力一百人名单。2011 年 2 月 7 日，美国在线宣

---

❶ 何威. 网众传播［M］. 北京：清华大学出版社，2011：22.

布以 3.15 亿美元的价格收购"赫芬顿邮报"(The Huffington Post)。2012
年 4 月 16 日，由于播发高级军事记者大卫·伍德关于从伊拉克和阿富汗战
场重伤归来的美国退伍军人及其家庭生活进行的长达 8 个月、名为"战场
之外"(Beyond the Battlefield) 的系列报道，"赫芬顿邮报"网站首次获得
美国新闻界最高奖项普利策国内报道奖荣誉。阿里安娜·赫芬顿认为，这
是每日更新的网络新闻媒体首次获普利策奖，是网络媒体获普利策委员会
认可的一个里程碑。

第三节　新闻工作方式的甄选转向

　　以网络兴起的新场景为例，网络传播速度快捷和强时效摆脱了时空限
制。在与传统媒介的竞争过程中，网络显示了自己独特的特点，在突发新
闻的报道中，实现了 "Now News Now"。网络传播的时效性和便捷性使人
们在获取信息中缩短了时间的间隔，拉近了传播者和受众的距离，信息的
利用和处理实现了高效化。另外，受众群体的逐渐扩大，网民数量的持续
递增，使得网络成为一个大众化的平台，表达民意的工具和手段，信息实
现公开化和易接近，成为公民舆论监督的新形式。因为网络传播的交互
性，传播者和受众双方平等地交流成为可能。网络支持一对一、一对多、
多对多等各种传播模式，人们利用各自的传播模式配以网络媒体的多媒
体、超文本链接等网络技术，实现信息的自由发布和交流。据说《华盛顿
邮报》网络版有 15% 的流量来自"德拉吉报道"。"德拉吉报道"网站给
出引人入胜但只包含基本要素的标题，这种方法虽然与极力增强用户黏度
的理念相悖，但却为其他网站输送了庞大的流量。也就是说，自媒体网站
为正式门户网站提供了大量新闻源和新闻素材。在网络媒体和移动终端
发达的今天，人们获取信息的方式呈现多元化。当博客与微博激发了受

众主动参与信息传播的高涨热情之时，传统媒体的传统优势领域——国际新闻报道遭受到空前挑战。博客、微博等基于互联网更先进的传播方式，为新媒体赋予了新的内涵。当信息来源不再稀缺，专业新闻报道（journalism）的工作方式就经历着从"众包"到众筹的采集模式，同时加强对信息的核实和确认，并以后者为主。

新媒体国际新闻报道的主要特征表现在：一是时效性。报纸的内容一向被要求具有时效性强的性质，报业竞争也主要表现为时效性的比拼。而新媒体的出现，使报纸的这一优势明显削弱。如果说网站的即时性还要受到网络和电脑等条件的限制，那么手机上网的普及使得随时随地都可以发布新闻成为现实。2006 年 8 月美国旧金山地震发生时，当地有上百名市民第一时间在微博上发布了简要报道，比 CNN 的电视新闻快了近 20 分钟。二是参与性。新媒体时代，人人都能介入新闻的发布、讨论，受众参与度空前提高。"我说你听、我打你通"的传统单向传播模式已经不能满足人们的需要。三是低成本。随着新技术的发展，新媒体无论是在获得信息的量上，还是在获得信息的价格上，都使报纸失去传统优势。特别是在国际新闻报道方面，在国外常设记者站、派遣常驻记者采写稿件的成本，远远高于当地人用网络或博客发布消息的花费。

"众包"（crowdsourcing）的概念，最初是由美国互联网杂志《连线》杂志记者捷夫·豪尔在 2006 年 6 月《众包的崛起》一文中提出的一个商业概念：企业利用互联网将工作分配出去，发现创意或解决技术问题。通过互联网控制的开放平台，这些组织可以利用集体的贡献和群体的力量，重要的是，这些志愿者具备完成任务的技能，也愿意利用业余时间来完成。"众包"的流程分为八个步骤：一是企业提出问题；二是企业在互联网上发布和传播问题；三是请求互联网上志愿者给出解决方案；四是志愿者组成在线社区给出解决方案；五是志愿者审查方案；六是企业奖励胜出的解决方案提供者；七是企业获得和拥有胜出的解决方案；八是企业得利。对于胜出的个人来说，他们获得的奖励，有时是金钱方面，有时是知名度方面，但一致的是他们获得智力上的满足感。"众包"可以通过业余人士或志愿者利用他们的空余时间提供解决方案，或者让专家或小型企业从无人知晓到初具规模。而后，众包作为新闻采集的一种新的模式开始进入新闻传播领域。美国等国家的新闻界正在探索利用"众包"模式，推动大家合力完成更专业的"公民新闻"。美国最大的报业集团甘耐特集团2006年就进行新闻"众包"的试验，将其旗下90家报纸的编辑部对所有读者开放，读者可通过网站对正在发生的新闻提供消息或意见。如一位读者给报社打电话投诉说，为新房子开通自来水和排水管道，但是有关部门竟然要收2.8万美元。报社往常的做法是立即着手调查，在几个月后刊登长篇调查报道。而这次记者在网上让读者帮忙找出费用畸高的可能原因，结果这份发行量10万份的报纸收到了来自国内外读者的海量回应，网站流量6周内出现前所未有的高涨，还有工程师志愿帮忙解读工程蓝图。最后，迫于压力，相关公共事业单位将收费降低了30%。2007年，《连线》杂志与纽约大学新闻系教授罗森共同成立一个名为"Assignment Zero"的网站，探索新闻"众包"的可操作性和流程。网站希望大众不但提供新闻来源，还参与新闻的写作：网站编辑提供一个有新闻性的主题，读者可以申请参与其中某个部分的新闻调查。之后他/她可以展开调查，甚至可以在编辑的安排下采访关键人物。所有参与这个项目的人都在讨论组里公开自己的调查结果，最后由编辑整理成报道。对于半岛新闻网来说，前半岛新闻网总干事、曾任 Shariq Forum 智库主席坎法尔认为，"众包"并不是选择，而是必需。由于利比亚、叙利亚等国家对记者关闭了大门，这些国家的活动人士、博主们发来的信息就成为最重要的新闻来源。海量信息通过社交媒体到达编辑部，经过小心选择和一段时间的观察，编辑们能够确认一部分可靠、了解情况、有真知灼见的博主。此后再有难以核实的信息出现时，编辑们就可以通过这些"智慧博主"帮助核实信息。"智慧博主"们可能分布于一个国家的各个地区，他们对当地的了解为新闻提供了更深的背景知识。

甘乃特集团新媒体内容副总裁詹妮弗卡·罗尔将"众包"新闻的好处归结为两点：一是极大地降低了人力成本；二是增加了受众的参与度，而后一点对媒体而言，重要性日益增加。英国媒体的实践也证明了这一点。英国政府 2008 年修改法案，将所有议员的收入明细全部公开。2009 年春天，这些资料还没正式公布，就被《每日电讯报》先买到手。竞争者《卫报》在时间仓促、记者人手紧张的情况下，在网站上转载议员补贴文件 9 万多页，呼吁网民"淘"出更多细节。网民先审查文件，发现蛛丝马迹后，把它们拷贝下来，然后写上为什么需要进一步调查的理由，再由记者深入挖掘真相，最后赢得了更多眼球。

利用众包采集新闻的另外一种方式是维基百科。从技术的角度来说，维基是一种网站，允许任何使用者添加材料、编辑和删除先前使用的材料。沃德·坎宁汉发明了维基的概念，试图制造"可以运作的最简单的在线数据库"。1994 年，坎宁汉发展了最初的维基服务器，提供了非常方便的编辑手段，邀请任何想要编辑或添加材料的人参与。迄今为止，最著名的维基是维基百科，一个免费的、以网站为基础的百科，通过利用成千上万的作者持有信息，添加和修改百科全书，其主要目标是把免费的百科全书分发给地球上的每个人。维基百科很快成为世界上最受欢迎的网站，每天有上千万人浏览，甚至比《纽约时报》还受欢迎。访问者的数量像文章数量一样增长迅速，范围也很惊人。如果一个人突然具有了公共重要性，如通过选举、任命或纯粹的名声，可以确定的是，维基百科几乎立刻会有相关文章，并且很详细和更口语化。维基百科相信知道真理或者接近真理的人通常比深信错误的人更多、更投入，相信"关于各种主题所知的共同的合作会构成免费的人类知识，每个人都会从中获益，而且假定这个世界上充满了理性的人，他们在集体上可以最终实现合理的结论，即使有极少数害群之马"。其质量控制通过同行审查实现，新的编辑出现在"最近更新"页面，通常有许多人每天检查。同时，当在一些有关正确性分歧很大、很难找到公正无私仲裁的领域，为避免这种风险，维基百科维持一般的中立政策，当该政策被违反时，维基百科提供巧妙的解决方案：红色的停止手势，还有简单的说明"此文章的中立性存在争议"。❶ 实际上，维基百科有很长的一份中立性存在争议的文章列表。但大量的存有争议的文章正在维护维基百科共同体的准确性和严谨性。在新闻生产方面，突发新闻在维基百科上 1 小时之内被编辑了 100 多次。"自由的百科"让维基百科具备了一个通讯社的巨大潜力，维基百科上的匿名编辑更新新闻、补充内容，更新新闻的速度几乎与新闻发生同步。一位名叫基根·布莱恩的博士所做的博士后研究项目专门研究了维基百科这种"众包新闻模式"，发现了许多有趣的现象。基根·布莱恩在美国东北大学做博士后研究，其主要研究领域为计算社交科学，尤其是推特、维基百科等社交网站对于提高预测模型的贡献。基根·布莱恩研究了 7 个重大事件，包括美国最近的枪击案、挪威枪击案等，结果发现这些事件的维基百科页面大都在事件发生后 1~2 小时内建立，1~2 天内就获得了数千次的编辑记录，部分事件每小时会被编辑数百次。基根发现，在事件发生几小时之内，前往维基百科编辑百科条目的用户数量非常惊人，但是 4 小时之后，人数开始下降。基根解释说，起初编辑的都是网友或者事件目击者，3~4 小时之后，专业编辑（其中部分为维基百科员工）开始插手编辑百科条目，将一些琐碎重复的内容取出，让核心内容凸显出来，这样一来其他人也就没有增加内容的余地。在基根的调查中，最重要的条目是在创立之后 3~4 小时内由志愿者和知情者添加进来相关细节，但是略显杂乱，需要专业人士来修改语法错误、排版等。为什么说有知情者参与进来了呢？因为在基根的调查中，编辑某一具体条目的"知情者"几乎不会参与到其他百科条目的编辑，而且事实证明他们添加的内容大部分都是正确的。

曾任 Shariq Forum 智库主席坎法尔认为，未来新闻与技术的结合有三大要点：一是"内容"——用户产生的巨大信息量；二是"情景"和

---

❶ 凯斯·R.桑斯坦. 信息乌托邦：众人如何生产知识 [M]. 毕竟悦，译. 北京：法律出版社，2008：168.

"深度"——传统的新闻报道强项所在；三是不可或缺的"优先"和"顺序"。正因为网络时代用户产生内容可能如潮水海啸般涌来，通过甄选和排序来帮助读者获取有价值的信息就成了新闻工作者的主要任务。因此，未来专业新闻工作者的标准不会下降，而会被推高。"未来的编辑将要求更高的资历，将在更大程度上是一个思想者、战略家、分析师，而非单纯技术意义上的新闻工作者。"在坎法尔看来，技术含义上的新闻工作（信息采集）更多将由读者或说用户产生。Facebook 的记者项目经理拉夫如希克也表达了类似的看法：未来会有更多由用户产生的新闻内容，而职业记者的作用是将新闻"情景化"（contextualize），记者的主要任务不再是告诉人们"发生了什么"，而是"为什么会有这样的事"。曾任谷歌的新产品部主管理查德·金格拉斯亦有同感。曾任谷歌 CEO 的拉里·佩奇曾提议：记者的报道中应该多加脚注。数字时代，当版面已经不成问题，新闻将有条件让知识不断延展。正因为这样，理解传播将会随之出现：纯粹的信息不是最有价值的产品。理解是有效传播的重要途径。新闻工作者在集中报道相关和有用的新闻时，他们更多是在传递一种理解。没有这种理解，受众就会在信息的海洋上漂流，甚至可能会在更深的地方"淹死"。❶ 事实上，谷歌的任务就是"连点成线"，整合互联网上可以得到的巨大的信息和知识资源，而不是去生产内容本身。金格拉斯还认为媒体要改版的话，不应把 90% 的时间都放在首页的重新设计上，而应用在文章内容页上，因为搜索、社交媒体链接等直接进入在网站浏览中的比重越来越大，从首页进入的比重越来越小，只注重首页的设计无疑是捡了芝麻丢了西瓜。英国的"邮报在线"（MailOnline）就是这样一个范例：从网站设计角度说非常粗糙，整个页面冗长，图片堆积无序，但该网却吸引了巨大浏览量，因为该网站特地为搜索引擎做了优化。

捷夫·豪尔提出的众包的另一个应用类型是众筹（crowdfunding），即"集资开发大众的钱包，让人数众多的群体代替银行和其他机构，成为资

---

❶ 布雷恩·S.布鲁克斯. 新闻报道与写作［M］. 范红，译. 北京：新华出版社，2007：3.

金的来源"，事实上就是对于资金进行众包。众筹是众包的一种延伸形式，如果说众包的其他三种形式，集体智慧（crowd wisdom）、集体创造（crowd creation）和集体投票（crowd voting）是对信息和劳动力的整合，重点在于开发人们的剩余能力；那么，众筹则重点在于开发人们对于意向资金，向自愿为新产品的设计、新项目的开发提供资金的消费者或资助者融资和筹措资金，为项目的实施提供金钱保障。众筹的融资模式主要用于娱乐行业，即通过网络中个人的集体合作，个人为某一计划，如音乐作品、摄影报道等筹措资金，然后交给创作者以完成这些计划。❶ 应用于新闻业，众筹模式也基本遵循类似的过程：新闻记者通过网络平台提出调查报道计划或新闻摄影计划，网络社区中的受众通过捐赠一定资金进行认可，在规定期限内记者如能得到预期的资金数额即执行报道计划。同时在报道过程中，资助者和记者不断互动，记者不断告知资助者报道计划的执行过程。也就是说，众筹就是利用集体的智慧和金钱做新闻的一种方式，众筹主要解决的是新闻制作过程中资金不足的问题。❷

张建中博士系统梳理了美国众筹新闻的三个案例。一是"Spot. us"，由大卫科恩创建于 2008 年 11 月，是一家典型的众筹新闻网络平台，属于非营利媒体组织，其主要任务就是为记者提交的新闻报道计划筹措资金，每一个新闻报道计划都会附带一个制作新闻报道的成本价格，记者也可以要求资助者捐助其他生产成本，如差旅费或印刷费等。在 Spot. us 网站，读者和资助者都是社区成员，通过资助报道并介入新闻的生产过程，成为新闻报道的合作创作者。二是 Kickatarter 的众筹新闻项目计划。Kickatarter是目前美国最知名的众筹网站，通过网络平台向公众而非社区成员集资，以让有创造计划的和创造能力的人获取所需资金。Kickatarter 资助项目众多，其中新闻；类众筹项目被列入出版类。2010 年，Kickatarter 被评为《时代》周刊年度"最佳网站"。Kickatarter 网站较早的新闻众筹项目是

---

❶ 张建中. 众筹新闻：网络时代美国新闻业的创新及启示 [J]. 现代传播，2013（3）.
❷ 同❶。

"漫画新闻：让德拉尔回到阿富汗寻找真实故事"，由美国独立记者、漫画作家德拉尔于 2010 年 3 月 5 日发起，原计划募集 25 000 美元，结果在 2010 年 4 月 5 日成功获取 25 999 美元资金，其采访计划顺利进行，他重新回到阿富汗，以卡通的形式对阿富汗当地的社会状况进行深度报道，让人们了解阿富汗人民真正的生活。三是众筹新闻摄影网站——Emphas. is，由两位摄影记者一同创建的第一家专门针对新闻摄影的众筹网站，主要为公众和新闻记者创造一个能够直接交流和沟通的环境。网站创始人之一本哈里发认为，该网站主要是希望激发人们对新闻摄影的兴趣，并可以围绕新闻摄影展开讨论。在运作过程中，记者向网站提供以视频的方式提供报道计划，再由摄影专家和记者组成委员会来决定是否实施，摄影计划获批后在网站上公布，开始接受资助。摄影计划的成本一般设置在 5000 美元左右，每一份捐助则不得低于 10 美元。记者在规定时间内如不能完成筹资目标，就必须向资助者退回全款。资助成功，网站会提取筹措资金的 15% 用作网站的运行费用。Emphas. is 独具特色的一个部分在于创建了一个"制作区域"（Making-of Zone），该区域只有资助者才能接近、评价摄影项目计划的进程，并可以和摄影报道者展开对话，了解工作进展情况，分享报道看法，从而创造了一种记者与受众的新关系：为特定的资助者进行拍摄，摄影报道者会更具有责任感；资助者也会感到自己付出的真正的价值。

作为一种新闻业的创新，受众为自己感兴趣的新闻报道计划筹措资金，专业记者依靠资金完成报道任务，因此，众筹新闻对于整个新闻业的意义在于是对传统新闻报道模式的一种突破。同时，众筹新闻过程中，得不到受众认可和支持的新闻报道计划就难以启动，在这个意义上说，受众参与并主导了新闻的生产，受众很大程度上掌握了传播权力。从社会资本的维度来说，众筹新闻网站通过资助和报道计划互动，受众和记者同时联系得更加密切，社区本身的认同度和影响力加强，社区的共同社会资本也得到了提升。

对于传统新闻记者而言，数字化的新闻采集是更便利的方式。移动记者工作台就是这样的典型工具。移动记者工作台包含五种基本技术的混合用户界面：一是可携带的电脑背包；二是高分辨率屏幕的掌上个人数码助理；三是可以精确到一厘米的全球定位系统接收器；四是每秒钟11兆比特的无线局域网连接到因特网和万维网；五是装有透明面罩和反光镜的头盔式显示器、耳麦及可准确测量头部方位的头部定位仪器。❶移动记者工作台的设备具有数字音视频装置（麦克风和相机），其中最重要的是新一代的所谓百万像素的相机，相机拍摄的内容可以传送到电脑上进行处理、编辑、展示和在互联网进行新闻传送。这种移动记者工作台的基本原理是：头戴式相机捕捉事件的图像，通过移动电话立即与当地媒体联系，提醒他们有突发事件发生，通过无线传送设备将图片从佩戴式相机传送到远方的网络服务器，报纸下载图片后打印出来。当驻外记者在陌生的国家采访，其头戴式显示器会显示出他所到达的建筑物的名字；按动充当移动工作台信息界面的个人数码助理式显示屏，所住旅馆背景资料会出现在显示器上；走入所采访城市，移动记者工作台会通过互联网和其他网上资源链接而得到丰富的信息和新闻，包括文本、图像、图表、音视频，所有这些都成为附加在他/她所做的现场报道中全景化报道式的信息，有精确的经度、维度及海拔，并且能把时间编码到数字水印中以确认他/她是照片的作者，从而有效保护版权。然后，记者通过移动工作台上的卫星电话将一系列数字电讯传送给正在急切等待的全球受众。

---

❶ 约翰·帕夫利克. 新闻业与新媒介［M］. 张军芳，译. 北京：新华出版社，2005：58.

第四章

融合传播情境下的国际新闻秩序重构

第一节　国际新闻传播理论范式演变

　　"范式"（paradigm）一词源出于希腊语的"范型""模特"，在拉丁语中就成了"典型范例"的意思。科学哲学家托马斯·库恩认为，范式包含二层意思：一是特殊共同体（如科学家团体）的共有信念；二是常规科学作为规则的解谜基础，学术研究的演进和变革则通过范式转换得以实现。当某种既有范式产生危机后，新的范式给科学和理论研究带来新面貌，实现跨越式跃迁。简而言之，范式是学术研究需要遵循的理论、原则和方法，是一种有关价值、信念和方法论的共识。20 世纪 90 年代以来，冷战的终结和全球化带来的资本、人员、信息和现象的跨国、跨文化和跨语言交际的自由流动，越来越具广泛性和包容性的"国际传播"彻底改变了以民族、国家为主体的传统意义上的国际传播概念。作为一个研究领域，诞生于第一次世界大战与第二次世界大战之间的国际传播在近 100 年的时间里经历了连续四次转换。这种转化既与变化的国际关系有关，也与意识形态和传播技术的变革息息相关。

一、国际宣传范式（20 世纪 20 年代—40 年代）

　　诞生于 20 世纪 20 年代的传播学标志性成果之一就是拉斯韦尔的《世界大战中的宣传技巧》，拉斯韦尔也因此被赋予传播学"四大奠基人"之一的学术地位。后来，拉斯韦尔提出的 5W 模式初创了后来传播学研究的基本内容和架构，并直接影响了以美国传播学为首的实证学派（或行政学派）的研究传统。影响国际宣传范式的背景和诱因就是传播学与美国的国际事务和国际作为有关，第一次世界大战和第二次世界大战的早期宣传研究则为国际传播研究提供了政治概念基础。从理论兴趣和学术经历来说，作为医生的拉斯韦尔的叔叔为拉斯韦尔提供了一本弗洛伊德 1909 年在克拉克大学的演讲集，因此开始了拉斯韦尔长达一生的对于精神分析理论的理智兴趣，更广泛地说，是对于个性在政治中的作用的兴趣。1922 年，20 岁的拉斯韦尔进入芝加哥大学的政治学博士课程学习，他（拉斯韦尔）认为政治学对他来说极富挑战力；1926 年，他获得政治学博士学位，1927 年，他被任命为芝加哥大学政治学助理教授，发表其成名作、博士论文《世界大战中的宣传技巧》；1936 年，他发表《政治学：谁得到什么，在什么时候，怎么得到的》，成功晋升副教授；1952 年，他被任命为耶鲁大学政治学教授，1955 年他被选为美国政治学协会会长，直至最后当选为纽约政策中心主任，这些都与政治学密切相关。就其学术范畴来说，其代表作《世界大战中的宣传技巧》《精神病理学与政治学》《政治学：谁得到了什么，在什么时候，怎么得到的》《世界革命宣传：芝加哥大学的研究》都属于政治学方面的著作。从时间的先后秩次来说，拉斯韦尔以政治学研究的著名警句为标题的著作《政治学：谁得到了什么，在什么时候，怎么得到的》也是其在洛克菲勒基金会大众传播研讨班时提出的后来所谓拉斯韦尔模式的理论雏形。应该说，这时的传播其实叫作宣传更为合适。考虑到当时正值第二次世界大战的爆发阶段，（不约而同的是）这时的大众传播更等同于大众宣传甚至是国际宣传。立志于传播历史研究的凯利曾尖刻但一针见血地指出，"它（20 世纪的大众传播）是服务于政治而产生的发明创造：计算效忠某人某事的人数，用来解决纷争、指导公共政策、扰乱反对者的阵脚，并且给现存制度提供合法性；一言以蔽之，大众传播研究的历史是 20 世纪社会斗争和意识形态斗争大故事中的一个环节"。甚至于罗杰斯也承认"拉斯韦尔不认为自己是一个传播学学者"❶。至于传播学同国际传播的关系，有西方学者坚持，从学术经历或学科发展脉络而言，国际传播是孕育传播学的元学科，传播学显然是国际传播的支流。❷

　　另外，拉斯韦尔对于宣传有明确的认识和定义，即："通过操纵有意义的符号控制集体的态度"，是一种控制舆论的方法，与说服工作关系紧密，但说服往往是面对面的、人际传播，更具有互动性，宣传则是借助于大众媒体的说服。❸ 因而，缺乏反馈或不重视反馈的直线性和单向性就自然而然、理所应当。拉斯韦尔模式本身侧重的效果研究，也与拉斯韦尔本身所研究的"政治宣传"息息相关。从对第一次世界大战的宣传分析，拉斯韦尔就认为：现代战争不再只是将军和军队的事情，舆论在其中举足轻重，并得出结论"宣传（在这里显然指国际宣传）是现代世界中的最有力的工具之一"。可以说，拉斯韦尔是传播（宣传）强效果论的肇事者和支持者。正如拉斯韦尔本人及他那个时代其他学者所承认的那样，他们把宣传看作是一个行动，而不是一个过程，旨在达到意想的效果。后来的学者把宣传有意无意地替换为传播则是他们自己的事情，而再以此批评拉斯韦尔的 5W 模式使得传播侧重于效果，不关照情境，不是出于无知就是一种莫须有的罪名，至少对拉斯韦尔来说是不公平的，因为拉斯韦尔本身就是从事政治宣传的效果分析的，强调宣传效果无可非议。后来的学者沿着效果分析的路径走，除了拉斯韦尔的影响以外，经验学派的重实证传统排除不了干系。所以罗杰斯在其《传播学史——一种传记式的方法》一书里对拉斯韦尔 5W 模式的评述常常自相矛盾，既承认拉斯韦尔模式流传的广泛，又批评"实际传播行为的许多复杂性未被这 5 个问题所涵盖，所以就任何

---

❶　埃弗雷特·罗杰斯. 传播学史——一种传记式的方法［M］. 殷晓蓉，译. 上海：上海译文出版社，2005：180.

❷　SEMATI M. New Frontiers in International Communication Theory ［M］. Lanham：Maryland：Rowma & Littlefield，2004：12.

❸　埃弗雷特·罗杰斯. 传播学史——一种传记式的方法［M］. 殷晓蓉，译. 上海：上海译文出版社，2005：187.

完整的意义来说，它并不是一个传播模式"❶。5W 模式本来就是一种宣传模式，而非一种通行的传播模式。至于从 1939 年 9 月至 1940 年 6 月的洛克菲勒传播研究班，由于 1939 年 8 月，德俄互不侵犯条约的签订和希特勒 9 月对于波兰的入侵，第二次世界大战在欧洲开始，研讨班一开始就"重点研究联邦政府如何能够利用传播，以便对付日益迫近的战争"。❷而这里的传播当然也是宣传的应有之义，因为"传播"这个术语在 20 世纪 20 年代至 20 世纪 30 年代还没有用于大学课程，在洛克菲勒传播研讨班之前，"传播研究"的词汇甚至还没普遍使用，而第二次世界大战之后，20 世纪 40 年代中期，"宣传"和"舆论"这样的词汇就被"大众传播"与"传播研究"取而代之、开始使用，"宣传"这个词就逐渐退出了传播学。❸

国际传播理论的国际宣传范式另一方面贡献包括开展劝服性、操纵性心理战的研究。1940 年，群体心理经典研究《火星入侵地球》主要作者、哈佛大学博士哈德利·坎特里尔在普林斯顿大学创办舆论研究室。从当年秋开始，坎特里尔负责向罗斯福政府提供关于美国舆论的机密信息，特别是舆论对欧洲战事的看法。同年，受洛克菲勒基金会资助，坎特里尔出版了早期国际传播领域的重要著作《美国面临战争：对舆论的研究》。1942 年，火炬行动前，通过对摩洛哥的维希（法国）官员的一个小样本调查，坎特里尔发现那里的法国军队有强烈的反英情绪。这一调查信息影响了火炬行动的军事部署，即美国军队在卡萨布兰卡附近登陆，英军混合部队在阿尔及利亚的奥兰和阿尔及尔登陆，以规避法国军队的敌对情绪。辛普森就指出，坎特里尔的普林斯顿国际社会调查研究所、拉扎斯菲尔德的哥伦比亚应用社会研究局和普尔的 MIT 国际研究中心等研究机构实际附属于政

---

❶ 埃弗雷特·罗杰斯. 传播学史——一种传记式的方法 [M]. 殷晓蓉，译. 上海：上海译文出版社，2005：195.
❷ 同❶193。
❸ 同❶186。

府心理战项目。后来被认为是早期传播学创始人的一批学者在 20 世纪 40、50 年代的很多研究也都与心理战和军事宣传有关。国际宣传范式阶段，不公开的政府、军队及民间财团的大量经费资助使广义上与美国地理政治利益与目标相一致的选题吸引了社会科学领域的众多优秀研究者，客观上提升了传播学的研究水平。同时，研究对象和研究使命也不可避免使早期国际传播的定性和范围打上了深深的国际宣传印记。

二、发展传播范式（20 世纪 50 年代—20 世纪 60 年代）

发展传播理论的主导范式始于杜鲁门，其意图是按照西方的理念向发展中国家推广国际战略，因而属于冷战延伸的产物。这种观念认为，国际传播是现代化过程和第三世界发展的关键，通过国际大众传播来传播现代化的信息，可以把西方的经济和政治模式传达给第三世界国家，以便改造传统社会。这种具有媒介中心主义色彩的理论得到联合国教科文组织的支持。发展现代化范式在 20 世纪 50 年代迅速推进，标志性成果是耗时十年、基于对土耳其和中东五国的实地调查而成的《传统社会的消逝：中东现代化》一书。调查对落后与发展、传统与现代、农业文明与工业文明进行了二元比较之后，认为要改变人们的态度和价值观，就要推广作为"流动加速器"的大众传播媒介的使用。然而，勒纳又认为一个现代化的人同时应该又是大众媒介的受众和手握选票的选民，换言之，宪政民主和市场经济的实现是现代化得以实现的前提条件，作为流动加速器的传播是现代化的起点，传播的"心理—政治"投入经由个人利益转变为公共机制，但在很多发展中国家，这两个条件在现实中并不具备。勒纳的局限在于：把发展只视为信息问题而不是政治问题，没有充分意识到传媒技术和权力之间的关系，没有考虑到第三世界国家对于传媒技术的引进，首先的目的是制造共识。以麻省理工学院教授白鲁恂为代表的发展理论重视西方民主、机制构建和公民参与的重要性。同时，多党体制、世俗化和民族国家的主权被强烈地鼓吹和支持。就一般状态而言，这种发展模式的实质是通过强大的行政权力来推广和实施革命性质的政治意识形态。而后，发展传播理论持续取得进展，1962 年《创新的扩散》、1963 年《传播与政治发展》和 1964 年《大众传媒和国家发展：信息在发展中国家的作用》相继出版。在罗杰斯看来，创新扩散主要是社会成员在某一时期通过某种渠道传播创新科技的过程，强调创新扩散本身的性质（兼容性、创新性属性所占的比例）、传播渠道和社会结构。但传播技术的中立性始终难以摆脱社会身份的定位，它表现在三个方面：一是传播技术所带来的发展的前提是要有政治和经济的投入；二是传播过程是一个利益过程，构成发展本质和通向收入机会的分配原则是按照市场权力的差异来进行的；三是生产力提升的关键是技术创新。不可能不问谁从中获利，谁受到伤害。20 世纪 70 年代以后，罗杰斯不再把发展的问题简化为大众的信息功能问题，开始从理论上反思发展的数量概念及其传播逻辑的可靠性，并重新思考平民自我参与的关注，以及新的科学技术带来的互动性和及时性对于社会的影响。❶ 在第三世界国家，创新扩散理论在国家管理层面和社会应用层面出现新的发展趋势：一方面，传播技术的推广政策制定开始得到重视；另一方面，社会观念的广告化使得社会营销成为社会运行本身的重要机制。不断修正的创新扩散理论虽然越来越注重匹配心理行为模式的社会和文化外延因素，但始终追求一种单纯的因果关系，从而激发产生一种现代性的同质性和霸权模式的社会景观。随后，第三世界的知识分子结合本国的实际和对早期传播实践结果的反省，开始认识到发展传播更重要的是充当一种多方互动的实践、一场对话和一种参与过程。在这方面，巴西著名教育家保罗·弗莱雷作出的重要贡献在于把公众参与建立解放自身的教育学观念引入了发展传播的语境，把"对话—自由论"提升到了一种伦理上的传播选择，从而对线性模式的发展传播观念构成了挑战。

这些在当时产生广泛影响的研究同样与政治有关或当时环境使然，但

---

❶ 陈卫星. 关于发展传播理论的范式转换 [J]. 南京社会科学，2011 (1).

同时也为美国的国际传播走向建制化提供了原动力与合法性。发展和现代化范式的出现并在学术界和政策制定者方面获得推崇的主要原因是：摆脱殖民后新独立国家的形成；第二次世界大战后马歇尔计划在重建欧洲中的成功；工业化后西方国家经济增长的经历；定量研究在社会科学中的主导性；联合国相关机构的建立（所从事的活动在民族国家中对经济、教育、文化生活等各方面的影响）。美国国籍发展署的建立；苏联和欧洲对世界其他地方的研究；美国将欠发达工业化国家带入主要资本主义社会和经济制度的影响力；作为一种政治意识形态的共产主义的扩散和开始出现的冷战。在战后环境中，现代化理论为美国外交政策和冷战意识形态对抗提供了工作语言，也为从事国际传播研究的学者提供了理论解释框架。发展现代化范式为后来学者所广为质疑，一是其非此即彼的单向的、不可逆转的二元化简单思维；二是该范式被认为不经意以某种形式对根植于美国观点和利益感兴趣。更有调查显示，这一范式下一些有影响的研究被指受到美国政府的经费支持，成为美国国籍战略的组成部分，其国家中心世界观和对欠发达外部因素的忽视而遭到批判。

三、媒介帝国主义范式（20世纪70年代—20世纪80年代）

依附理论从发展中国家的视角来构建发展过程，是现代化理论所支持并得以推进的替代性理论，试图解释全球一些发达国家是以其他地方的欠发达为条件所架构的。该理论认为，通过接受发达国家政府的政策，发展中国家正如跨国企业被置于"依赖发展"状态一样，发达国家在不同的竞技场主导世界市场，当然也包括传播和传媒产业。国际传媒活动的分析揭示了传播过程的两大显著特征：其一是国际传媒流动的单向特质。尽管可能出现重要的新闻信息回流，但这种明显的互惠性却遮蔽了处理或经营这种回流机构基本上来自西方主要媒介系统的重要事实，其选择标准是依据其国内市场的需求而确定。其二是少数目的信息来源国家主导了国际媒体影响的绝大部分份额。如果信息来源仅以原产国计算的话，真正的信息源甚至更为有限，主要集中于十几个大型媒体集团，大部分属于美国。媒介帝国主义正是指称这样具有显著特征的国际媒介活动过程，"其中任何一个国家的媒介所有权、结构、分布和内容单独或共同取决于重要的外部压力，这些压力来自于任何其他某一国家或某几个国家的媒介利益，而受到影响的国家却没有获得影响力的适当交换"。国际传播领域的这一理论范式主要产生于这样的语境：对 UNESCO（世界信息与传播新秩序）倡导的世界信息与传播新秩序运动的拥抱和对文化帝国主义的概念化，这是国际传播领域讨论最持久的路线之一。1973 年，阿尔及尔不结盟国家会议首次在国际信息秩序中要求全球传播接近权。但 NWICO 的反对者持有异议，认为这是第三世界国家企图加强新闻规制和新闻审查，而不是试图处理传播领域的不平等。

四、全球传播范式（20 世纪 80 年代至今）

20 世纪 80 年代到 21 世纪初，两大军事集团在世界范围内长期形成的对峙与紧张状态，由于苏联的解体和苏东集团的瓦解，国际政治、经济和军事格局发生根本性变革，世界各地之间新闻预祝政治的交流也随之发生了巨大变化。体现在国际传播领域，就是超越此前国际传播研究范式中的国家中心主义取向。同时，经济全球化的加快，国家间经济渗透力的增强，20 世纪 90 年代中期后全球媒体的去规制趋势和商业化浪潮，跨国集团和多国企业集团迅猛成长，打破了国家疆域，加快了资源的全球配置。国际传播变为全球政治传播范式不仅是一种理论倡导，更成为现实传播景观。"在传播学中，一个国家社会系统内部的传播称为国内传播，不同国家社会系统之间的传播称为国际传播，而将国内传播与国际传播融为一体，以整个地球世界为范围的传播则是全球传播。"❶ 新兴信息技术的发明

---

❶ 刘继南，周积华，段鹏. 国际传播与国家形象 [M]. 北京：北京广播学院出版社，2002：111.

与应用则为全球化范式提供了技术保障。最初，全球公共空间成为可能关键因素是卫星容量的增大降低了卫星的租赁费用。基于这一发展，不仅跨国公司能够跨国传送新闻及其他节目，较小的公司也日益能够担负得起卫星传输节目的费用。❶ 除了西方主要的广播公司和通讯社外，国际新闻传播的跨国频道越来越多样化，如 CNN 国际频道、BBC 世界服务电视（BBC-WS-TV）、阿拉伯新闻频道（Arab News Channel）、半岛电视台（Al Jazeera，设于卡塔尔）及 ZEE-TV（一家非常成功的电视频道，主要针对全球各地的印度侨民社区）。另外，由各种组织机构（甚至包括企业或个人）赞助支持的各种小规模"草根"电视台也已经出现，并在全球新闻流通基础之上为各地大量受众发送新闻与节目，如表 4-1 所示。

表 4-1 全球电视国际新闻频道属性及目标受众

频道类型	名　称	目标受众
商业	CNN 国际频道	对西方观点感兴趣的受众
公共服务/商业	BBC 世界服务电视	对西方观点感兴趣的受众
国有/商业	半岛电视台	阿拉伯侨民社区对西方观点感兴趣的受众
商业	ZEE-TV	印度侨民社区受众
国有	CCTV-4	华人社区受众
公共服务	RAI	意大利侨民社区受众
国有	ARY 数字	韩国侨民社区受众
国有	阳光频道	韩国侨民社区受众
国有	STN-TV 索马里电视网	索马里侨民社区受众

20 世纪 60 年代，德国哲学家哈贝马斯曾提出作为交往空间的"公共领域"概念。在哈贝马斯的分析中，公共领域是指公民社会里介于国家机

❶ 斯图尔特·艾伦. 新闻业：批判的议题 [M]. 纪莉，石义彬，译. 武汉：武汉大学出版社，2011：431.

构（政府）和共享的主体性（人民）之间的一种空间或公众论坛。数字化传输和网络等技术在传播领域的采纳使用与快速扩散则使得跨国新闻媒介（电视、互联网）成为"全球公共空间"。这样的"公共"话语平台不仅由各种各样来自不同社会文化传统的"公众"组成，而且越来越多的跨国个人和团体开始使用全球公共传播机构，并作为新近出现的"全球公众"重要组成部分，二者紧密结合在一起。也就是说，"全球公众"将不再定位于哈贝马斯所说的政府和"人民"之间，而是超越民族和国家；全球公共空间则被定位于新的跨越国际的超社会领域，一种无社会组织的新的超国家和亚民族的开放空间。❶ 在全球公共空间，新闻媒介被当作世界政治发展的"参与者"和"反射镜"，它们构建着形成大众世界观的代表。对于跨国新闻媒体进行评价，一种现象是"媒介外交"（media diplomacy），即跨国媒体通过对公众舆论显而易见的影响去影响政府的决策过程，这主要得益于 BBC 和 VOA 的国际影响力。CNN 通过 24 小时新闻频道（24-hour-News Channel）在各种国际政治危机中影响决策者及其决定方面所发挥的强大作用则进一步修订了"媒介外交"这一概念。另一种现象则是以"软实力"进行"公共"外交而出现的新的政治传播平台。总体而言，在全球化框架内，作为一种新型的超社会政治领域的代表，无论是媒介外交还是"软实力"的概念，国际新闻传播的全球化范式都可以纳入政治传播的整体理论路径。国际新闻的政治传播范式为解释变动的现实和当代国际新闻传播流动指出了合适的方法论资源。以往国际新闻传播的受众重点常常指向对象国的受众。与之相比，国际新闻全球化范式在传播范围、传播理念、传播制度、价值取向等各方面都具有重大区别。国际新闻的全球范式认为，全球化和技术演进重构了传媒空间的版图，形塑了新媒体实践和产品，并对跨国媒体秩序的出现作出了贡献。与传统的国际新闻传播相比，全球化传播以文化为外包装，以意识形态为"隐形内核"，受众指向

---

❶ 斯图尔特·艾伦. 新闻业：批判的议题［M］. 纪莉，石义彬，译. 武汉：武汉大学出版社，2011：434.

包括媒体驻在国在内的全球范围内的受众群，从而将以文化为代表的"软力量"推到了核心位置上。当前跨国媒体秩序业已形成四大关键特征：跨国化，即跨越边界的媒体日益频繁；个体化，即使用者使用国际传播工具的机会越来越多；去领土化，即空间和文化的分离；世界主义化，即变化中的地方和全球关系。

就政治传播的角度而言，国内传统媒体对新闻和政治事件的报道意味着要从具体国家的立场看待世界事件及国际事件。在这个意义上，国内的新闻媒体提供分析的"框架"，并据此来定义与它们自身的国内议程相关的"国际新闻"，为国内受众将国际新闻"本土化"。也就是说，"现场直播"新闻被发送到国内广播编辑部，然后按通常意义上的"把关"程序由编辑为国内受众编辑这些国际"现场报道"事件。而在融合传播情境中，网络相互连接，多样性因排他主义和普遍主义的新构造而减弱，跨国媒介作为全球公共空间之内的公共机构以一种超国家的模式运行，为全球各地不同的面对移民和跨国受众服务，这样一来，民族国家的公共领域基础就被削弱，甚至人们所习以为常的"内部"与"外部"之间的区分也动摇起来。因此，全球公共空间一方面建立在跨国媒体的基础之上；另一方面建立在生活世界的基础之上。尽管在哈贝马斯的公共领域理论中，"意义"被民族国家所限定，但对融合传播情境或网络社会中意义的寻求仍然被定位在生活世界之上。生活世界渗透着各种反向的、多视角的全球政治新闻流，它们构成了个体的新闻议程以及大众对于这个世界的综合看法（即世界观）。正是依靠这些概念，大众才能借以调整自己"行动"和"参与"。

应该说，国际传播的理论与研究从一开始诞生起就不是单纯的象牙塔学术，而是带有国家利益和意识形态渗透使命。一些一流的社会科学领域的学者则从各自的学科背景出发，在这个后来被称为传播学的十字路口会合，进行以经验研究为主、批判研究为辅的应用研究。纵观国际新闻传播理论范式的演进的整体趋势，就是逐渐告别以国家为分析单位的控制传播模式，走向以因应传播技术变革、遵循信息扩散的弥散性和全部化的传播规律，即重视对信息流动自身的考察。它们的合力作用共同交织为国际新闻传播理论范式转换提供了认识论资源。

第二节　国际新闻传播伦理新秩序转型

伴随现代新闻媒介的发展进程，从 19 世纪初期开始，新闻媒介的伦理问题越来越受到世界各国的普遍关注。从最初的瑞典新闻职业守则、美国新闻伦理准则《记者守则》的诞生，到大众化报纸兴起后，日本的《新闻伦理纲要》、英国的《英国报人道德准则》、加拿大的《报业廉政章程》等一大批职业道德规范的问世，诸多规范规章的制定为新闻的发展明确了方向。第二次世界大战后，国际交往的频繁与国际合作的加强促使区域性和国际新闻组织产生，新闻伦理与道德作为新闻界的重要议题也上升到国际层面。1948 年联合国制定了《国际新闻自由草案》，既承认、强调保护新闻自由，也规定了 10 条限制事项；1954 年联合国制定了《国际新闻道德规约》，规定从事大众传播事业的人员必须遵守这些职业道德，以此作为自己的行为准则与规范。❶ 20 世纪 90 年代以来，世界上有 37 个国家建立和制定了新闻道德准则和实施措施。目前，全球化与新媒介推动的个人报道更使得新闻道德和伦理成为关注热点。新闻伦理虽然包括新闻媒体的价值取向、道德功能与伦理规范，但在道德实践经常受到工作压力妨碍的市场经济体制中，新闻只是一份工作；另外，新闻又可以说是建立在道德原则上的行业，由道德实践所构成。❷ 新闻伦理又涵盖新闻工作者的职业道德或者说职业伦理，并且直接从后者的实践中体现出来。在融合传播情

---

❶ 申凡，戚海龙. 当代传播学 ［M］. 武汉：华中理工大学出版社，2000：211.

❷ 马修·基兰. 媒体伦理 ［M］. 张培伦，郑佳瑜，译. 南京：南京大学出版社，2009：8.

境中，新闻伦理同样是公民记者或从事信息发布的报道者所应该理解与遵循的。

从哲学理论角度而言，规范国际新闻伦理与道德的两种形式是康德的义务论与边沁的功利主义及目的论。❶康德认为，无论在什么情况下，撒谎都不对，这并非神学的考虑，而是对于理性的坚持。在康德看来，撒谎在任何条件下都是对人类尊严的抹杀。❷康德主张的义务论坚持，评价一种行为是否正当、合理、道德，不是看它产生了什么好的效果，而是依据它是否出于道德本身的原因，亦即看它的动机。例如，媒体标榜"公正、客观"的口号，实际上也这样行为，但这并不能证明其具有道德性。因为其公正、客观不是出于道德的义务，而是为提高媒体的信誉，最终带来更大的销路与利润，是出于功利的目的。而只有出于道德动机的行为才合乎道德性。比康德稍晚的英国哲学家边沁和其学生约翰·密尔则提出了功利主义的观点。功利主义的核心理念是"最大多数人的最大幸福"，体现为多数人原则和最大幸福的效用。基于功利主义的目的论伦理学认为，道德行为总是指向一定的结果。评价一种行为是否正当、合理、道德，要看这一行为带来什么样的效果，达到了什么样的目的。目的和效果是最终的评定依据。❸而目的和效果往往根据最大多数人的最大幸福、利益为标准。

一、新闻报道道德与伦理的一般问题

六个新闻报道争议案例，见表4-2。

---

❶ 高国希. 道德哲学 [M]. 上海：复旦大学出版社，2005：26.

❷ 杨宗元. 道德的理由 [M]. 北京：中国人民大学出版社，2009：120.

❸ 同❷123。

表4-2　新闻报道争议案例

序号	时间	事件	媒体名称
案例一	1977 年	记者伪装酒吧工作人员作政府贪污报道	《太阳时报》
案例二	1980 年 9 月 28 日	珍妮特·库克特稿《吉米的世界》：儿童吸毒	《华盛顿邮报》
案例三	1992 年 11 月	记者暗藏摄像机报道超市劣质食品	美国广播公司（ABC）
案例四	2005 年 4 月 9 日	记者报道王储婚宴保安问题	《太阳报》
案例五	2010 年 6 月	卧底记者报道为允许捕鲸，日本贿赂国家事件	《星期日泰晤士报》
案例六	2010 年 10 月 18 日	卧底记者报道国际足协官员索贿	《星期日泰晤士报》

案例一中，作为媒体的《太阳时报》为搜集芝加哥市政府官员的贪污证据，以揭发市府的贪污腐败，编辑部自己委派记者接办酒吧四个月，并报道贿赂政府官员不追究酒吧中的不卫生、逃税和赌博等弊病。记者自己假装经营酒吧，从中贿赂官员和做一些不法行为，报纸一连串的不诚实报道彻底违背了义务论的新闻伦理。防止官员贪渎固然符合最大多数人的幸福与利益，报纸行为也似乎符合功利主义目的论的新闻道德，但报纸的搜集证据的方式已经超过道德的底线，因为报纸为揭发不法行为，自己就在做不法的事。目的即使再好，手段终究违法。因此，这一案例是新闻道德伦理的极端而涉及法律。案例二中，26 岁的黑人女记者珍妮特·库克报道8 岁的小吉米吸毒纯为虚构，欺骗读者，动机是为了个人得奖、出名，也不符合功利主义目的论的道德。于是，《华盛顿邮报》得知真相后，立即向读者致歉。案例三中，美国广播公司为揭露超市伪劣食品问题，特派记者假扮超市工作人员，混进工作场所并用摄像机进行偷拍，同样违反了康德的义务论新闻道德；但超市食品不卫生的事实关系着广大消费者的健康安全，其目的和效果是为大众知情权提供服务，符合功利主义目的论的新

闻伦理。但记者进入私有的工作场所并进行偷拍的取证手法则涉及违法，需要由法庭依法裁决。案例四中，《太阳报》记者皮克在英国王储查尔斯与卡米拉婚礼期间，假扮送货员驾驶租来的货车混进婚礼现场的不诚实行为显然违背了康德的义务论道德。但婚礼现场有英国王室及贵宾出席，记者在车上置放明显写有"炸弹"字样的箱子，目的是为测试现场保安措施，维护王室和公共安全。相较于目的，记者假扮司机而揭露守卫疏忽的报道似乎符合功利主义目的论的新闻伦理。案例五的背景是国际捕鲸委员会为避免鲸鱼绝种，于1986年通过《全球禁止捕鲸公约》，禁止商业捕鲸。日本基于商业利益，一直谋求推翻公约。《星期日泰晤士报》获悉日本多年来一直用金钱收买多个国家，要它们投票废除禁令。于是派记者假扮瑞士慈善家代表，以大量金钱做诱饵，使国家官员全盘说出日本贿赂的手段，从而违反了康德的义务论新闻道德。但报纸的用心符合公众利益，符合功利主义目的论新闻伦理。案例六仍旧是《星期日泰晤士报》的报道。记者伪装成美国财团说客，用金钱做诱饵，联络国际足协官员，开价出售2018年及2022年两届世界杯足球决赛主办地的选票，违反了康德的义务论新闻道德，但报纸目的是揭露国际足协官员的不法行为和决议可被金钱左右的事实，符合社会大众预期的公正，也就符合功利主义目的论的新闻伦理。事实上，最近BBC记者冒充学生进入朝鲜采访事件也是这方面的典型案例。据《纽约时报》报道，2013年3月底，正值朝鲜局势紧张的时候，伦敦政治经济学院的一小批学生获准进入朝鲜参加政府批准的"一周活动，内容包括观光、与部长和政府官员会面"及学术活动。然而，该校周末发表了一份愤怒的声明，称这批学生中有三名秘密拍摄纪录片的BBC记者。校方称，BBC隐瞒其采访报道的实际规模是在"故意误导"学生，将置学生于危险境地。该校要求BBC撤回原定周一播放的相关影片，并道歉。BBC对此表示拒绝，理由是拍摄以一个鲜为人知的国家为主题的纪录片符合公众利益。

新闻以报道事实为职责，理论上应该遵循康德的义务论规范和标准，但上述六个国际新闻案例全部违反了义务论道德，新闻媒体实际运作时常常在不诚实与好的目的和结果之间作选择，即媒体经常选择宁愿说谎也要完成揭露真相的报道。在这样的观照下，功利主义的目的论可以说提供给新闻媒体一种有弹性的选择和空间。但功利主义的核心观念是"最大多数人的最大幸福"，其背后隐藏的危险是多数人的利益可能压制、侵犯少数人的权益，欠缺正义的价值观。此外，一些新闻媒体容易把公众兴趣与公众利益混为一谈，夸大、渲染事实也违背了目的论的新闻伦理。❶ 罗尔斯的正义论则对功利主义进行了纠偏和补正：功利主义在原则上承认或默认，为了一部人的利益可以剥夺另外一部分人的利益；但可以用有些人较大的利益补偿另外一些人较少的损失。❷ 也就是说，在新闻媒体或报道者为大多数人的最大权益报道时，坚持公众利益，同时须多关注少数人的利益，正义的价值应注入目的论的新闻伦理中。这在跨国跨文化的国际新闻报道中尤为常见。

二、跨国跨文化的国际新闻伦理

新媒介与传统媒体构建的融合传播情境改变着人们的生活方式和思维方式。商业消费主义的影响使个人和媒体均受到市场的压力与诱惑，有意无意间与市场合谋，逐渐以获取最大的经济利益为旨归。数字技术、移动互联网技术和移动记者工作台的发展和应用，为传媒事业带来许多变化，对于不同地域的政治和经济构成了很大影响，但同时也伴随着传播失范现象和规范新闻传播伦理的问题。正在兴起的公民新闻运动和维基新闻，由于不同的动机和目的就会产生不同的伦理道德问题，如对新闻价值的审查、个人隐私的侵犯及对于国家安全的影响等。有学者认为，公民新闻伦理的自主性、情感性与弱者利益偏向性一定程度突破了传统新闻伦理的规

---

❶ 高国希. 道德哲学 [M]. 上海：复旦大学出版社，2005：269.
❷ 同❶272。

约性、节制性与公器性属性，补充了传统新闻从业者的职业性盲点、判断性冷漠及强权化利益等缺陷，有益于民主社会的建设。❶ 同时，新闻本土化全球现象的出现和实践也导致了跨国跨文化国际新闻传播中伦理问题的产生。

所谓全球本土化（glocalization）就是融合了全球化（globalization）与本土化（localition）两个极端的一个词，在汉语中也被译为"全球地方化""全球地域化"等，由当代文化社会学家、美国匹兹堡大学教授罗兰·罗伯逊于20世纪80年代提出。从不同语境和不同角度来说，"全球本土化"具有不同的含义，但作为一个抽象性的术语，"全球本土化"却意义深远。一方面，全球本土化显然是客观存在的事实。全球化发展之初，通常指世界各部分之间日益密切的相互联系和相互依赖及不断加强的相互渗透与融合的趋势，其总体特征是全球一致性因素不断增长。但是，全球化进程中，各国各种形式呼吁回归传统的民族主义重新抬头。媒介既供给民众全球共享的交流空间，也为当地的、本民族的或某一社会群体提供地方性文化的怀旧情愫。另一方面，在理论层面，在全球化过程中，最封闭的民族也要受到全球化的影响，反之，即使是最开放的国家，也深深烙印着民族的痕迹。也就是说，当代的本土是一种被"全球化了"的本土，而一旦具体到某个民族国家或地区，全球化则成为一种被"本土化了"的全球。同样，国际新闻的全球本土化也在实践中出现，相伴随而来的是，跨国跨文化报道中的伦理问题。原来的新闻伦理主要针对以国家或地域为主、本土新闻实践中的问题与规范，反映区域主导地位的价值与文化。即使在非单一或非同质文化的国家，由于政治与社会体系的一致性，非主导地位的文化与族群也容易被边缘化或被忽视。从这个意义上看，全球化时代和融合传播情境下的国际新闻报道是一种全球化与本土化互动碰撞的实践过程，新闻伦理正在经历着全球本土化的双向过程，既受全球化影响，又受本土文化背景制约，种种新的伦理问题因此而产生。从传播各

---

❶ 林溪声. 新闻传播伦理在困境中寻求突破 [J]. 新闻界，2011（9）.

要素分析，跨国、跨文化国际新闻报道的新闻伦理问题大概分为四类：一是社会情境和伦理差异所导致的报道者问题；二是报道事实与消息来源及报道对象风险的被报道者问题；三是客观报道与刻板印象及意识框架的报道内容问题；四是公众与报道后果的社会责任问题。

首先，从社会情境和伦理差异所导致的报道者问题来看全球化之前的新闻伦理是基于同质文化而言，在报道他者日益便捷、日益频繁的现在，不同国家、社会、文化之间的普世新闻伦理的内涵及存在性有待探讨，但不同报道者秉持的新闻伦理差异客观存在，全球新闻从业者的新闻理论规范的不同点则多于差异点。即使相似的基本概念，在全球化的不同社会情境下也会具有不同的含义，常常不具有跨文化的通约性和适用性。❶ 因此，报道不同社会情境和伦理差异下的新闻，指导报道者行为重要准则的职业伦理就可能常常处于尴尬与两难境地，面临选择、理解和解释的难题。另外，对于不同的社会政治环境，一些被广泛接受的伦理准则是否适用，驻外记者也深有体会。根据一项针对中东和亚洲各国政治报道记者的民族志调查发现：中东电视台的记者认为针对国家领导人的负面报道在西方有法律保障作为伦理基础；日本记者表示日本的俱乐部制度能让记者与政府及公司高层保持联系紧密，是一种西方新闻伦理规范难以接受但在日本却视为常规、行之有效的方式；在韩国，记者接受小礼物则被广泛认为是一种传统的礼节性行为，和新闻伦理并不相悖，也不应该受到伦理谴责。❷

其次，跨国、跨文化的国际新闻报道中报道事实与消息来源及报道对象风险的被报道者问题。跨国跨文化的国际新闻报道由于全球化传播影响广泛，但潜在的文化制度差异则给报道对象施加了社会压力、道德谴责、人身威胁甚至牢狱或死亡等程度不同的损害和风险。其中的原因，既包括

---

❶ WEAVEN D H. The Global Journalists: News People Around the World [M]. NJ: Hampton Press, 1998.

❷ RAO S, LEE S T. Globalizing Media Ethics? An Assessment of Universal Ethics Among International Political Journalists [J]. Journal of Mass Media Ethics: Exploring Questions of Media Morality, 2005: 105-112.

缺乏跨文化报道风险敏感性的无意的过失，也有为"更大的善行"而使消息源面临风险，为多数人利益而牺牲报道对象利益的伦理抉择。一些国际新闻报道的记者在此类问题上更倾向于罗尔斯"无知之幕"所提倡的责任伦理，优先保护弱势群体的利益。采访对象面临风险时，记者"有伦理和有道德责任去保护消息源的身份，即使这样会削弱后面的故事效果"。也就是说，记者在跨国跨文化报道可能会产生风险时会优先考虑消息来源和报道对象自身的利益，在报道事实和保护采访对象之间做出平衡与选择。

再次，客观报道与刻板印象及意识框架的报道内容问题。在跨国跨文化国际新闻的报道内容上，萨伊德认为，建构"他者"或"他国"的形象，反映一个国家的海外政治经济利益，因此，报道他者的过程实质就是参与文化霸权的共识制造过程。从新闻生产的社会学路径来看，对于国际新闻的内容与框架分析一直是国际新闻研究领域的关注热点，大部分研究结论都符合萨伊德所说。在新闻生产和权力网络及主流意识形态一致，维护既定社会秩序，为主导阶级、种族和性别服务方面，跨国、跨文化的国际新闻报道甚至比其他报道有过之而无不及，显得更为典型。同时，群体间语言偏见理论提供了一种另类视角。所谓偏见，就是在与内群体相比较的基础上，所产生的对外群体或成员没有根据的态度，是一种与事实不符的先入之见。语言往往微妙地反映人们的思维结构，偏见也以一种不易察觉的方式潜移默化地浸染于传播过程，尤其是在内群体对待外群体的情况下，从语言中可以透视到内群体对外群体的所持有的刻板印象或对内群体的偏爱痕迹。❶ 同样，报道语言反映报道者的思维结构，报道者常常具有对于内群体保护和外群体贬斥的无意识心理机制，反映在报道中，报道者就会用更抽象的语言描述与刻板印象一致的外群体成员行为。这一点在西方媒体汶川地震的报道中得到印证：跨文化的报道中的偏见不在于新闻报道的议题和正面报道或负面报道的多少，而在于刻板印象是否主导新闻话

---

❶ 熊伟. 跨文化交流视域中的群体间语言偏见理论［J］. 理论月刊, 2011（9）.

语。● 归根到底，语言偏见来自人的动机和心理认知机制，并反映主导地位的种族意识形态。由于涉及新闻社会生产、语言文化和心理机制，客观报道他者的形式与刻板印象之间的伦理问题更难以发现、也更难以避免。

最后，公众与报道后果的社会责任问题。在战乱和文化冲突严重或在恐怖主义蔓延的地区，当新闻报道有可能引发种族仇恨、爆发冲突或扩大敌对事态时，记者如何在告知公众与权衡后果的职业要求与社会责任之间取得平衡，是跨国跨文化国际新闻报道中比较常见的伦理困境。无论是政治上的信息控制、经济上的市场霸权，还是以地区差异、情境差异、报道后果等其他形式出现的各种说法，大多数视客观性为新闻核心理念和价值观的国际新闻记者会对任何有碍或有悖客观报道和告知公众的因素保持警惕。传统的实践证明，西方记者更坚持民主型国家自由主义伦理所主导的统一的职业伦理规范，对情景化、地域化的行为规范不太认同。但在跨文化国际新闻报道中既有报道模式的适用性问题，在告知公众和规避冲突的两难困境中，也有记者和学者开始反思和探讨，从而产生了一些新的新闻理念与实践：简单重复的传统型冲突报道可能让当地民众感觉冲突是唯一的解决方式，加入情境分析、对冲突原因和后续解决方案进行报道，可能促使冲突消解，有助于推动和平。虽然存有争议，但置于跨国跨文化国际新闻报道常常面临仇恨和冲突的现实情况下，这种冲突敏感性新闻与和平新闻的倡导与常识性实践显然很有必要，而且属于新闻专业主义核心价值的补充。

新闻全球本土化时代，原有的伦理体系已经不再适用。为大多数人谋取最大利益的功利主义伦理原则是西方社会的媒介伦理基础，但这种以个人为基础的伦理更适合民主社会，却不通用于所有社会。在全球化多样性的社会里，罗尔斯的责任伦理，女性主义伦理及哈贝马斯伦理的等都是更符合全球化要求的对话式伦理。

很显然，原有的新闻伦理或新闻道德是基于本国、本民族或区域而产

● 单波. 跨文化传播的问题与可能性 [M]. 武汉：武汉大学出版社，2009：231.

生，跨文化伦理的先天性缺失是毋庸讳言的事实，不能反映不同区域、不同文化区域与西方价值观之间的协商关系。新闻全球化和跨国跨文化国际新闻报道的实践催生着新闻伦理的全球化，跨学科及跨文化的重构转向❶，因此，能够促进伦理融合的跨文化对话势在必行，这是全球新闻伦理的重构在理论层面的探讨。在操作层面上，新闻伦理重构可以为具体报道实践与行为选择提供伦理推理的方法与依据。建构相对统一的全球新闻伦理不仅要反映人类文化的多样性，还需考虑不同社会环境的适应性。当然，文化的多样性和相对性不等同于伦理的多样性和相对性，事实上，不同区域伦理规范中相似大于多样、反映人类核心价值的核心理念可以成为建构全球新闻伦理的"元规范"的基础。全球新闻伦理的第二个层面是抽象程度较小，针对各种类型新闻实践的特定伦理规范。例如，跨国跨文化国际新闻报道实践中，应该体现的伦理规范包括尊重他者、对宗教与文化多样性的宽容、有限度地报道真相及自由与独立等。对于国际新闻的报道者来说，有意识培养伦理世界主义的态度对新闻伦理原则与标准进行反思则是值得推崇和仿效的标准。因为伦理世界主义意味着跨国跨文化国际新闻报道的客观性必须具有国际视角的客观性，不偏袒自己的国家和文化，涵盖多种来源和文化视角，明白自己对他国民众也负有责任，以促进全球公共空间的理性协商。

理论层面的新闻伦理在实际报道中的可操作性问题常常成为对新闻伦理研究的批评及其应用的障碍，因此，重构全球新闻伦理的必要部分还包括可操作性的伦理推理和选择方式。针对跨国跨文化国际新闻报道的伦理推理与抉择，单波提出了一种跨文化的波特方格推理模式，也就是说，在波特方格的每一个层面都引入跨文化的分析视角，作为完善跨国跨文化国际新闻报道伦理推理模式的一种探索。跨文化波特推理模式的意义在于，它提供了一种特别针对跨国、跨文化跨种族的国际新闻报道的伦理推理模式。在跨国跨文化的国际新闻报道实践中，如果报道者能够在遭遇可能伦

---

❶ 单波. 新闻传播学的跨文化转向 [M]. 上海：上海交通大学出版社，2011：16.

理问题时用这样的推理模式进行伦理抉择，就有可能在实际操作中应用和检验全球新闻伦理，为其动态地调整、重构提供依据，最终达到完善跨国跨文化国际新闻报道的目的。

第三节　"把关"与议程设置中"微议程"出现

简单来说，所谓把关，就是成千上万条信息削减或转换成几百条信息，并在特定的时间传递给特定的人的过程。❶ 所谓微议程，是指特定个体和社群通过新媒介技术平台传播、扩散形成的对特定事件、人物等较为一致的意见倾向。多诺霍、蒂奇纳和奥利恩认为，应该将"把关"定义为更为广泛的信息控制过程，涵盖讯息编码的所有方面：不仅包括信息的挑选，而且还包括信息的隐瞒不报或不透露、传递、塑造、展示、重复及信息由发送者发送到接受者的时机掌握。首次将"把关"和"传播"这两个术语配对使用的是开创了"群体传播经验研究"的犹太裔美国社会心理学家卢因。卢因在衣阿华大学研究"改变饮食习惯"的实验中发现：家庭主妇是食品消费的把关人。在决定吃什么时，不是所有的人都居于同等重要的地位，这方面的社会变化最容易通过集中说服那些对家庭的食物选择具有最大控制权的人来实现。卢因分析的一个关键是意识到在整个渠道的不同部分，有不同的力量在影响对食物的选择。而后，卢因在其未完成的遗作《群体动力学新领域：群体生活的渠道，社会规划和行为研究》中指出，把关的情形不仅对食物渠道适用，而且对于新闻通过特定的传播渠道在群体中传播、对于货物的运输及许多组织机构中个人的社会流动也同样适用。换言之，信息的传播渠道中布满了把关人，只有符合群体规范或把关人价值的信息才有可能进入传播渠道。1950 年，对于报纸媒体的把关人

---

❶ 休梅克. 大众传媒把关 [M]. 张咏梅，译. 上海：上海交通大学出版社，2007：1.

（电讯编辑）进行了研究，怀特发现能够通过传媒关卡传达给受众的新闻非常有限。但怀特只是将把关看作是编辑本人的主观取舍，并没有认识到把关是一种组织行为。❶1957 年，韦斯特利和麦克莱恩综合各种研究成果指出，在任何特定的时间点，都有多个信息源、传播对象和传播渠道，其两个一组的组合模式通过大众传媒传播；把关人不仅包括媒介组织或个人，还包括作为鼓吹者角色的个人或组织，如政治家、广告客户、新闻来源等；受众对信息传播的反馈也会影响把关人调整把关策略。在这里，韦斯特利和麦克莱恩首次注意到了受众对于新闻把关的影响。对于针对国外受众的新闻，把关过程中产生的困难更多，包括报道错误或偏见、编辑选择和加工、翻译、传输障碍及可能的压制或新闻检查。在传播学者巴斯看来，最重要的把关行为出现于新闻组织内部，其过程分为新闻采集和新闻加工两个阶段。❷新闻采集者主要是记者，他们最接近信源和最倾向于信源，获取来自各种渠道的原始信息并将之加工成新闻稿。记者可以充当新闻机构的代表进行把关，履行某些功能，这对于新闻在该机构中的流动必不可少。加工处理阶段的把关人是新闻加工者，他们将流入的新闻内容进行挑选、修改和剔除并将之整合成能传递给受众的传媒成品。除信息源、新闻采集者和新闻加工者外，新闻把关人还包括公共关系从业人员和希望左右大众传媒内容的其他利益群体的代表。（传媒）把关对受众的最明显的影响是认知上的，即左右受众关于世界是什么样的认知，有些学者将之称为"认知图"。当媒介提供关于社会现实的协调一致的描述时，媒介对于公众舆论最有影响力。尽管媒介报道并不能确保新的观点能接受，特别是当这些观点异常而被当作不是合理合法的时候更是如此，但缺乏传媒报道这些观点几乎注定会失败。从把关人理论的发展过程来看，早期学者更强调新闻生产过程中个人作为把关者主观判断和系统性影响，后来的学者

---

❶ 骆正林. 根据新闻把关原理规范政治信息传播 [J]. 同济大学学报（社会科学版），2011（6）.
❷ 丹尼斯·麦奎尔，斯文·温德尔. 大众传播模式论 [M]. 祝建华，译. 上海：上海译文出版社，1987：138.

则更关注组织行为和意识形态对新闻生产中"把关"的影响。

与此同时，议程设置的理论也开始形成。议程设置思想的直接来源是1967年年初，麦克姆斯对于纸媒《洛杉矶时报》头版新闻报道编排的不经意观察。那一天有三条重要新闻：国际新闻层面，英国郡议会选举中工党出人意料地败给保守党；国内层面，一条丑闻在华盛顿浮出水面；地方层面，一项联邦资助的全国重点扶贫项目的洛杉矶市区主管被解职。《洛杉矶时报》将地方新闻放在头版头条，以单行标题形式出现，其他两条新闻则被迫退居其次。❶ 于是，通过对于总统大选的实证研究，美国传播学者麦克姆斯和肖在1972年提出了议程设置理论：大众对社会公共事务中重要问题的认识和判断与传播媒介的报道活动存在着一种高度对应的关系；大众媒介通过提供信息和安排相关的议题，赋予各种议题不同程度"显著性"的方式，左右大众关注哪些事实和意见及谈论的先后顺序，有效影响公众瞩目的焦点和对社会环境的认知，从而形成社会"议事日程"的功能。简言之，就是大众传播可能无法影响人们怎么想，却可以影响人们去想什么。自产生以来，议程设置理论假设一直是传播学和新闻学理论研究的关键概念。

早期的议程设置理论的焦点在于"谁设置了公众议程"，也称为"受众的议程设置"（audience agenda-setting）。❷ 报纸、广播、电视等传统媒介通过不断提供同质化和带有偏见的信息，以及重复新闻报道以提高某一议题在公众心目中的地位。❸ 大众媒体通常设置为重要的议题，也常常成为公众关注和思考的重点，并成为借以采取行动的参考依据。就媒体议程和公众议程关系而言，大众媒体议程常常影响公众议程，客观上设置了公

---

❶ 马克斯韦尔·麦库姆斯. 议程设置：大众媒体与舆论 [M]. 郭镇之，徐培喜，译. 北京：北京大学出版社，2008（1）：2.

❷ REESE S D. Setting the Media's Agenda: A Power BalancePerspective [J]. Communication Yearbook, 1991（14）：309-339.

❸ 沃纳·J. 赛佛林，詹姆士·W. 卡德. 传播理论——起源、方法与应用 [M]. 郭镇之，译. 北京：中国传媒大学出版社，2009：189.

众议程。随着议程设置研究的深入，研究者开始关注媒体议程（media a-genda）的设置问题，即"谁设置了媒体的议程"。传统的议程设置理论认为，设置媒体议程主要有提供新闻的主要信源、其他新闻机构及新闻规范与传统的三个因素。❶ 事实上，在影响媒体议程的问题上，麦库姆斯和肖注意到了相对重要的精英新闻媒介能够激发新闻界对话题的大规模报道，会对其他普通新闻媒介议程会产生影响。重要的或关键记者也能够影响新闻的报道框架，但麦库姆斯和肖并没有明确提出媒介间议程设置的概念。媒介间议程设置的概念最初于 1989 年被提出❷，其核心关注点就是媒体议程如何被建构。总之，在传统媒体构建的传播情境中，政府政策议程设置和媒介间议程设置主要决定着将何种话题纳入公众视野，成为影响媒体议程的两大力量，并为最终塑造媒介议程厘定了基本规范与规则。需要指出的是，麦库姆斯和肖的议程设置理论主要是基于对报纸、电视等传统媒体的研究，但传统媒体与新媒体相比较而言，最大的差别在于传统媒体具有单向性传播、缺乏互动的特点。

网络技术和移动互联终端等新媒介的发展大大推动了个体的社会化参与。在以个体和社群互动为主要特征的融合传播环境中，大众传媒设置议程的能力受到了严峻挑战，媒体议程设置一家独大的主导权力格局发生了颠覆性改变。❸ 一方面，媒体议程对公众议程的影响减弱。融合传播情境下，用户通过新媒介平台主动爆料、发布信息或实时交流沟通，特定媒体更容易接触和捕捉，特别是网络转发及评议所形成的热点话题，更会影响到大众媒体的议程设置。同时，大众媒体对个体和社群的信息传递（议程设置）也越来越具有依赖性。尤为重要的是，个体和社群的观点倾向本身

---

❶ 马克斯韦尔·麦库姆斯. 议程设置：大众媒体与舆论 [M]. 郭镇之，徐培喜，译. 北京：北京大学出版社，2008 (1)：140.

❷ 冯丙奇. 社会性媒介传播环境中的议题互动模式分析 [M]//黄楚新. 媒介融合背景下的新闻报道. 杭州：浙江大学出版社，2010：246.

❸ 高宪春. 微议程、媒体议程与公众议程——论新媒介环境下议程设置理论研究重点的转向 [J]. 南京社会科学，2013 (1)：112.

就成为公众议程的一部分，并直接变成更多公众日常行事的重要参考，传统的议程设置理论中大众媒介议程设置公众议程的权力正在发生显著转移。如果说麦库姆斯和肖更多强调精英媒体和重要记者对于普通媒体的媒介间议程设置作用的话，融合传播情境中，个人和社群的议程设置作用则开始凸显出来。另一方面，借助网络等新媒介平台聚集起来的个体和社群，通过发布带有强烈情绪倾向的信息和实时观点互动，具有强烈的感染性和煽动性特征，同时也带有偶聚性和多元性。新媒介技术强大的嵌套性功能在线互动，更加剧了个体和社群与媒体之间的相互依赖性。具备充分能动条件的个体和社群分裂、变化中不断产生影响，逐渐形成不同利益诉求的多元化议程。个体和社群意见倾向及影响力就是微议程。通过与媒介和公众之间的互动，微议程形塑着舆论、媒体议程和公众议程，成为大众媒体议程和公众议程设置的重要组成部分，并预示着社会中政治、经济、文化等领域的议程设置的转向。事实上，在以往的议程设置理论研究中，麦库姆斯和肖曾注意到了个人议程的问题，但由于传统大众传媒情境下的个体是一种大共同体意义下的受众，个体之间缺乏连接、不能形成以利益或兴趣相结合的社群，也就难以抗衡大众媒体的议程设置功能，甚至可以忽略不计，因而传统的议程设置理论着重强调个体层面的议程与社会、群体等既有议程之间的归属关系，并在议程设置理论中增加了议程融合（agenda-melding）的概念。❶ 网络与移动互联技术的普及使跨地域的交流成为可能，个体与个体之间的互动性增强，利益一致或兴趣相投的虚拟社群或虚拟共同体随之形成，微议程的影响力由此放大出来，开始对媒体议程进行反作用。

从议程设置理论的可控性角度而言，"微议程"是指特定个体和社群通过新媒介技术平台传播、扩散而形成的对特定事件、人物等较为一致的意见倾向，这种个体和社群互动过程中形成的倾向体现出其内在的特征，

---

❶ DONALD S, MARXWELL M C, DAVID W, et al. Individuals, Groups, And Agenda Melding [J]. International Journal of Public Opinion Research, 1999 (11)：2-24.

它是新媒介嵌入到人的日常生活后产生的融合了虚拟和真实个体及社群混合意见倾向的议程。❶ 微议程是网络和移动互联终端等新媒介兴起后出现的新现象，凸显着特定个体和社群意见或利益，并吸附可能牵涉其他社会矛盾的议题因素，积聚成社群特定议程进行扩散从而对大众媒体议程和公众议程形成影响。微议程有四种激发源：一是个体发布信息直接激发（尤其是借助具有一定声望的个体完成）；二是社群内对个体信息的整合激发（观点汇总碰撞，形成一致性意见）；三是不同社群间议程转发激发新议程；四是大众媒体议程报道引起个体和社群的关注激发微议程。传统媒体构建的媒介情境下大众传媒的议程设置功能具有延时性，往往在事件发生之后进行引导、激发；融合传播情境中的个体和社群信息发布和观点交流则同步进行，同时形成微议程，具有即时性特征。就时效性来说，新媒介使得新闻传播从"每日新闻"变成了"每秒新闻"，新闻的新主要表现在于发布和更新的速度，议程设置同样具有先发制人的特点。这也符合社会心理学上的"首因效应"（primary effect）：当人们形成对事物或人物的印象时，获得信息的先后次序有着重要作用。其中最先获得的信息作用最大、最具说服力，第一印象最重要。❷ 微议程正是对新闻定义变化的直接反映，实时进行的议程设置与实时发布的新闻一样，对于受众都有一种先入为主的印象。即使是非理性或偏激的观点意见只要在第一时间进行扩散和传播，就有可能促使公众舆论指向发生变化，偏离原有的或稍后进行的大众传媒议程设置。同时，人际关系在微议程的形成过程中具有很强的影响力，包括新媒介构建的虚拟交流关系和面对面的实际交流关系，前者强化了微议程形成的真实性，后者奠定了微议程的现实意义。❸ 因此，微议程成为人们了解社会事件动态的重要来源，也在很大程度上设置了大众媒体议程和公众议程，这在一定意义上改变了以往议程设置理论里大众媒体

---

❶ 高宪春. 微议程、媒体议程与公众议程——论新媒介环境下议程设置理论研究重点的转向 [J]. 南京社会科学, 2013（1）：112.

❷ 申凡, 戚海龙. 当代传播学 [M]. 武汉：华中理工大学出版社, 2000：179.

❸ 高宪春. 微议程、媒体议程与公众议程 [J]. 南京社会科学, 2013（1）.

议程与公众议程倾向高度一致的假设。

微议程设置对于媒体议程和公众议程影响主要途径有。

（一）微议程直接影响公众议程

其表现形式是：一方面，公民新闻报道以文字、图像或音视频等形式上传发布，在转发、评论与跟帖过程中，情绪和观点表达体现于信息传递的过程，理论上讲，任何一个节点都可能被关注和聚集特定个体社群，同时，某一观点倾向逐渐得到修正、强化，直接影响公众想什么和怎么想。另一方面，微议程激活个体和社群潜在的既有意见倾向，经人际传播、群体传播、组织传播和大众传播等多种复合方式传播形成多级递进式传播效果，使既有的潜在意向倾向转化成微议程，进而引发公众关注。

（二）微议程直接影响大众媒体议程设置，与大众媒体议程的融合一致影响公众议程

其表现形式是：突发性事件发生现场的当事人或目击者成为不能及时介入的大众媒体的信息源，影响媒体议程。如 2005 年伦敦发生的地铁爆炸案中，事发现场的英国普通市民亚当·斯塔西第一时间借助手机向外界发布了第一张照片。特定事件中具有精英身份的个体社群提供特定议程意向冲击并制衡媒体议程，影响其对事件和议程的选择和判断，新媒介形成的关系互动使个体和社群舆论强化，大众媒体则主动接受、迎合微议程，以保持与舆论一致的倾向，共同影响公众议程。

（三）微议程与大众媒体议程的博弈融合影响公众议程

其表现形式是：由于缺失专业性水准的筛选和把关，微议程不能够全面客观反映事件或并非现实生活中真正问题，大众媒体却由于累积形成的把关经验、既有的新闻报道规范等，在议程设置上拥有较高的公信力和权威性。因此，大众媒体议程与微议程通过修正和博弈的形式，降低了微议

程偏颇发展的可能。同时，大众媒体也能通过主动设置议程影响微议程，促使微议程趋向理性化发展；多元化的微议程则为大众媒体提供议程选择，并对大众媒体的报道质疑，迫使大众媒体信息更加公开，纠正报道的错误与偏失。客观上来说，微议程与大众媒体议程围绕公众议程的博弈，有利于议程设置的客观化和透明化趋向。

第五章

融合传播情境下的中国国际新闻报道：
特点与趋向

第一节　国际新闻报道：专业主义回归

一、新闻专业主义的基本原则

真实性是专业主义的首要原则。事实是新闻的本源，是决定新闻存在的基础，新闻真实是对事实存在的确认，给人们揭示事物的实在性，因此，内容真实是新闻存在的基本条件，也是对新闻报道的基本要求。所谓新闻真实性原则就在于报道新闻时必须以事实为基础、为依据，不仅某个具体事实符合实际，而且反映全面事实的真相。任何抛开和背离事实报道新闻的做法都有违新闻真实的本质。作为新闻工作的一项普遍性原则，新闻真实性的基本要求是，一切新闻报道都必须完全按照客观事物的本来面貌反映和报道。在具体运用和操作中，新闻真实性原则一般还需要共同遵循三方面的要求。首先，具体事实要真实准确。也就是说，构成新闻的基本要素，包括时间、地点、人物、事件等必须准确无误。换言之，新闻报道中的人要确有其人，事要确有其事，时间和地点必须毫无差错。新闻中所引用的材料，包括引语、数据、事例等也必须准确可靠，即使是每一个细节也须完全与客观实际相符，不能凭主观想象夸大或缩小，更不能随心所欲、生编硬造。同时，新闻中使用的背景材料必须完全真实，而且要做到全面、客观、实事求是。其次，概括性事实要真实客观。概括性事实是指新闻除了报道某一具体事件外，有时还要对涉及该事件的大量相关事实进行综合和概括。对于概括性事实，同样要求做到真实、准确、全面、客观和符合实际。因此，在综合和概括新闻事实材料的过程中，要注意选择那些能够代表和反映事物的基本特征、内在品质和整体面貌的东西，选择那些能够体现和揭示事物内在规律和本质特征的东西。概括性事实要求真实客观，对于新闻事实的解释和评论，也要做到客观、公正、实事求是，合乎客观事实自身的逻辑，力求从事实的整体和联系上深刻反映事物的内在规律，并防止简单、片面地认识事物的方法。最后，局部具体真实与整体真实相一致。新闻要达到完全真实，还要求把局部、具体的真实和整体、本质的真实结合起来；善于挖掘事物内在的、深层次的东西；注意从事物之间的相互联系中把握事物；能够找出单个事物在整体中的位置和作用；并学会在事物的运动和发展中确定事物的现时状态与未来趋势。

新闻报道的客观性原则是指新闻报道要忠实于客观事实，要按照客观事物本来面目如实进行反映和报道的特性，切忌将对客观事物的观点和意见与其相混同。新闻报道的客观性主要表现在两个方面，一是内容的客观，新闻报道的事实，是客观存在的事物、人物，事件、现象或客观上正在发生与发展的事实，必须是现实生活中确实发生的事情，事实是第一性的，正如《曼彻斯特卫报》主编所说"事实是神圣的"，新闻报道者不能虚构、夸张，更不能无中生有和随意编造；二是报道形式的客观，即客观报道手法，指新闻报道者在报道新闻时不宜直接在新闻中表达自己的观点、意见和倾向，而是采用客观叙述等方式，通过所报道的事实、运用事实自身的内在逻辑对受众产生潜移默化的影响作用。新闻报道中的倾向性不可避免，但报道形式必须客观准确、公正地反映现实，给广大受众提供进行独立判断的材料；倾向性通过新闻事实的逻辑力量显现，报道者寓贬褒于客观叙述之中，而不随意加以主观的解释、猜测、推断或结论。

客观报道原则的提出有其一定的时代背景。伴随着19世纪启蒙运动的理性规划和对科学知识的追求，客观性概念由此产生。应用在新闻报道方面，客观性依赖所观察到的事实，也是一种将事实报道从作者或读者的偏见和价值观中提取出来的方法。"客观性原则"的直接源头是美国新闻界，是对美国报业史上的黑暗时期——报纸成为党派斗争工具的"政党报刊时期"深刻反省的产物。同时，美国开始的工业革命到 20 世纪 30 年代已呈现经济迅速发展，工业和商业日渐繁荣，工人阶级队伍不断壮大的景象。为适应从政党报刊到大众化报刊的转变，吸引尽可能广泛的下层读者、扩大报纸销量，美国报业要求改变过去政论宣传中常见常用的事实叙述与意见表达混在一起的报道方式，倡导在政治立场上"超党派"的办报方针，确立了客观报道每天发生的任何消息、重视新闻趣味性的新理念，并在评论上坚持公正，注意以信息模式代替政论模式的新闻实践。1855 年，美国人塞缪尔·鲍尔斯首次明确提出客观报道原则和所谓"独立新闻学"的概念，指出应该在事实与意见（观点）之间划清界限，分清"思想与情绪，事实与感觉"，试图从理论上对客观报道原则加以阐释。这一时期美国通讯社的陆续出现也是"客观性"得以确立的原因之一。为争取作为商品的新闻能够吸引更多持有不同立场、不同办报方针的新闻机构客户，通讯社也尝试采用客观叙述事实，只提供新闻信息、不表达观点或意见的方式报道新闻，这样一来便形成了客观报道的风气。随后，原为便士报的《纽约时报》在 1900 年改组后确立了"直观、中立、实事"的报道风格和办社宗旨，摒弃了廉价报纸过于煽情的不足，从而成为世界上第一家正式将客观报道作为工作宗旨和报道原则的媒体，成为现代新闻业的代表。至此，新闻报道的客观性原则真正得到了确立。

综合看来，西方新闻界对"客观性原则"指导下"客观报道"的理解具有四层含义：第一，要求记者特别注重事实，在事实的选择中不带偏见；第二，记者应超然于所报道的事件之外；第三，记者不应对事实发表议论；第四，努力做到公平与平衡，以一种可以对受众提供充分信息的方式，给对方一个答辩的机会。根据国内外的实践，客观报道原则的具体要求主要包括以下几个方面：一是报道者报道新闻时只客观叙述事实，不夹带个人的感情和偏见。在报道过程中，报道者必须严格按照"客观叙述事实"的报道规范，真实记录已经发生或正在发生的事实，向受众原原本本提供最原始的事实材料，由受众自己做出比较与判断。为此，报道者通常应以第三人称形式报道新闻。二是新闻报道要尽量使用直接引语，提供新闻事件当事人和知情者的原话。所谓"直接引语"，就是直接引用别人的原文、原话。在形式上，就是将新闻事件当事人和知情者的原话用"引号"引起来，以示此话为其本人原话。三是新闻报道要交代事实出处和消息来源。新闻报道时要尽量防止出现在新闻中的事实出处和消息来源含糊不清、无法查证的情况。但在消息提供者要求保密时，则应承担相应责任，在不暴露其真实身份的前提下披露相关事实。四是新闻报道要全面报道事实，提供充分的事实依据。新闻报道要尽可能提供能够说明新闻事实的充足的证据材料，如实、全面反映各方面的情况，特别要注意强调可以证实的事实。有的媒体明确提出，每条消息至少要有两个独立的消息来源来证实。对于有争议和纠纷的事件，要提供能够说明事实真相和纠纷的真实性质的事实。五是报道者在报道中一般不发表个人议论，不掺杂自己的意见。在叙述别人对新闻事实的观点或意见的时候，也要防止有意无意夹杂个人的看法和意见。如果个人要表达对所报道事实的看法或意见，应该另写评论文章，单独刊发。六是新闻报道要注意将消息和言论区分开来，一般情况下评论文章应署名。一般情况下，消息应放在"新闻版"，评论放在"言论版"。国外一些报纸"新闻版"和"言论版"区分很清、泾渭分明，而且还通行"社论版对页"（Op—Ed）的做法，即在社论版对面一页刊登评论文章与读者意见，以示报道客观、言论平等。另外，评论文章通常还署有作者个人姓名，以体现"文责自负"，不代表编辑部意见。总之，客观性标准指导新闻工作者区分事实与价值及形式上报道的客观。客观报道准则已经逐渐在世界新闻事业中占据主导地位，成为新闻界的公认标准，是新闻事业的自我规定。新闻工作者用"客观性"表明其报道的可信性，从而提高自己的专业地位，客观性被认为是"负责的新闻业"的标志。

时效性原则。时效性，又称及时性，是指迅速及时地报道新闻。力求迅速及时地把新近发生（或正在进行）、发现的事实报道出去，最大程度地缩减新闻事实的发生与报道出处两者之间的时间距离差，是新闻报道的重要特征和新闻存活及构成新闻价值的重要条件。因此，时效性是新闻的第二生命，没有报道的及时性也同样没有新闻，新闻传播的及时性就决定了新闻对于事实传播的最快速的特征。所谓"新闻姓'新'，不新构不成新闻"。新闻的"新"，主要包括两个方面：一是新闻反映的事实要新；二是新闻对新的事实的反映要及时要快。二者密切相关，不可分割。需要注意的是，新闻的"新"不只是指事件在时间上指在时间上的最近发生，也包括过去发生而一直不为人所知或鲜为人知的事件在最近的披露和发现。2000年美国普利策新闻奖获奖作品中国，美联社关于美军在朝鲜战场初期屠杀平民的报道，就同样是非常"新"的新闻。还须指出的是，新闻的"新"更多地指向新奇、异常。在时间的坐标轴上，每后一点相对于前一点都可谓"新"，然而每一新的时间里发生的事件并不都可以（也无法都用来）作为新闻，往往是那些超出常规、不可预测、闻所未闻的事件更为报道者所青睐，也更为受众所期待。但是，不管新闻的"新"在内容层面上所指涉的含义多么不同，最近或正在发生的事件、过去事情的新发现、超越常规的新异奇特之事，都需要新闻传播者迅速及时地予以报道。也就是说，新闻的"新"这一特性最终要落实于新闻传播者的工作特性——时效性上，即在强大的时间压力下采、写、播新闻，要抢先，要先声夺人。

从时效性的角度来看，新闻传播的历史其实就是新闻争夺时效的历史。从最初的声音接力、烽火台、驿站，到后来的利用现代交通工具和邮政传递信息，再到电报电话，直至通信卫星、国际互联网络，新闻传播的速度越来越快，新闻的时效性也随即越来越高。现在，通信卫星和互联网技术已经将新闻传播业在时效上的竞争推向了一个新的层次，传与受同步进行的现场直播几乎取消了事件发生时间与受众接受时间之间的时间差；同步直播更成为众多广播电视栏目的重要构成因素，使得"今日信息今日报道"(Today's News Today)的"TNT"报纸最优时效报道模式，发展演变成为以"现在消息现在报道"(Now News Now)的"NNN"模式为最佳时效的标志。"NNN"模式在对突发事件的报道中表现更为突出。在海湾战争中期间，原来名不见经传的美国有线新闻网（CNN），就是利用通信卫星争抢时效性、实时同步播发新闻，从而脱颖而出成为典型案例。2001年9月11日当地时间9时，美国纽约世界贸易大楼被撞、爆炸起火的时刻，在"第一时间"陪同逃难人流逆向而上的除了消防队和警察，就是奔向事发现场的新闻记者。5分钟之内，美国媒体就通过电视画面、无线电波、图片和文字，把世贸大楼遭到飞机撞击及后续事态发展的连续不断的报道，传遍美国和世界各地。通过CNN的电视画面，全球各个角落的人都可以同步看到9点03分第二架民航机撞击世界贸易中心北塔楼，看到随着事态发展而进行的滚动报道。因此，新闻时效性的竞争构成了新闻传播机构之间竞争的首要指标，对突发事件的迅速反应，则成为现代新闻业的最大特色之一，同时这也对新闻传播从业人员的职业素质和能力提出了更高的要求。

新闻在时效性上的竞争如此激烈，对值得在第一时间报道的事件，新闻传播者在丧失第一报道权后，通常应采取以下几种方式以弥补第一时间的损失：一是跟踪新闻事件的最新发展；二是追索事发当天的新闻依据；三是挖掘明天的新闻依据；四是揭示新闻事件的丰富复杂联系，提供重大新闻的细节。例如，里根总统遭枪击的新闻，早有电视直播、广播电台和报纸迅速报道，但美国记者约翰·匹克巴恩撰写的长篇报道《抢救里根总统记》，仍然具有不可替代的价值——总统遭枪击后医生抢救总统的全过程，这属于事件的最新进展；还有丰富的细节，这是在第一时间报道中由于求快所不能提供的信息。另外，匹克巴恩在文中穿插的特写镜头，对于重要环节的突出描写，都给受众以极大的满足感。

总的来说，国际新闻报道中的专业主义原则主要体现在以下几个方面：一是注重事实是客观性报道的最基本要求。眼见为实的"目击者"既可见证事实的发生过程，又不易被刻意捏造者欺瞒，因此媒体应尽可能派遣记者亲临现场采访，深入观察，作出详尽分析，以准确报道事实真相。电视媒体现场直播节目广受观众欢迎的原因即也在于此。在电视新闻中，受众可通过声音、画面的传播产生"在场"感觉，并可以作出自我判断。注重事实同时表示要重视细节。细节往往能帮助受众清晰掌握人物或事件的面貌轮廓，并了解事件的前因后果。尤其是调查报告或揭秘性报道，细节更显其重要性，在报道中一定要包含新闻所强调的人物、时间、地点、事情，及其内在联系，这样才能还事物本来的面貌，而含糊不清的新闻报道，足以构成真实和客观的致命伤。另外，注重事实还表示新闻报道要在忠实报道事实的基础上，通过对事实的适当选择与表述，用事实说话，巧妙表达记者的立场与观点。二是报道立场的中立原则，体现公正性。即不偏不倚、不偏袒一方，不做片面报道，不挟带个人喜好厌恶，不轻易发表自己主观意见和判断。公正性是客观报道的一个重要组成部分，新闻工作者应重点将所查证的背景和事实呈现于受众，行文不预设倾向性，不明确表露明显的价值倾向。此外，在新闻报道时应该记者应该做到不急于下结论、用词尽量公允，少用形容词，多用动词，引用受访者的自我陈述，以避免过度陷入个人观感之中。三是平衡性原则。任何事物都具有两面性，为了追求客观，记者应该提供给受众不同的观点。在引起争议的课题上，这一做法显得尤为重要，媒体必须提供正反双方公平的报道机会，让不同的意见，各自的观点都有机会得以陈述。

二、全球新闻专业主义萌芽

　　与此同时，新闻专业主义正成为影响传媒内容、新闻生产过程的全球现象，在许多国家，这一现象甚至影响新闻工作者实际工作场景，超越民族国家研究新闻专业主义就构成这一研究领域学术传统的新拓展。道德伦理是全球新闻专业主义的核心内容之一。在全球传媒高度发展和融合传播情境下的今天，着眼于未来演变、以历史性转型视野等考究全球新闻专业主义道德伦理开始得到注意。作为一种社会主要结构力量，全球新闻专业主义的确立有赖于全球公民社会及其上层建筑的形成。当前，在很大程度上，全球新闻专业主义现象与跨国公司相联系，而这些跨国传媒公司，其依靠民族国家所支持的合法性，主要凭借民族国家及其联盟在政治、经济、文化及意识形态诸多方面的强大霸权才得以在全球延伸。换而言之，跨国传媒公司不可能像在其民族国家或区域联盟中那样成为社会重要的结构之一。同时，拉美、东南亚等实行威权主义的国家，其国家逻辑不仅在国内具有强势地位，高度压抑传统新闻专业主义道德伦理，而且在国际空间是否有助于达成全球新闻而不是娱乐信息开放、透明、渗透、自发、公平、非强制的交流秩序，也就是哈贝马斯所谓的话语伦理，也存在疑问。同时针对现代新闻自由思想，英国著名政治学家约翰·基恩教授在其著作《媒体与民主》一书中指出其存在的主要理论缺陷是：忽视人们由于复杂的历史语境而导致自觉不自觉地自我审查；过分信任理性与新闻自由的力量，混淆古希腊公民社会跟现代市民社会的差异，从而看不清现代社会传媒交流模式的复杂性与严峻性，没能抓住现代社会沟通领域代表制这一关键及其利益取向与失实机制；没有看到传媒市场与产权跟公众接受与表达自由之间存在紧张关系；对各新闻自由哲学观之间彼此矛盾缺乏自觉反思。并且，更为核心的问题是，现代新闻自由观在根本理念方面表现出一种唯我独尊的柏拉图主义，过分自信，不顾现实与历史语境，试图把自己强加于任何文明与社群之上。20世纪，市场自由主义传媒制度得到加强，而且也有阻碍市场进入与增大产业风险的一面。"市场自由主义者所争取的新闻和广播电视自由，不仅被市场竞争所破坏，而且又进一步被不负责任的神秘国家权力所破坏。"[❶] 无论是主张传媒市场取向者还是反对者，都没能足够重视现代西方民主国家具有体制性的专制"种子"。对此，基恩教授提出所谓"重新修改过的公共服务沟通体系"，其关键是"要公共服

---

❶ 约翰·基恩. 媒体与民主 [M]. 刘士军，译. 北京：社会科学文献出版社，2003：84.

务沟通体系保存并发展自己，克服市场自由主义的缺点，名副其实地更加开放，更加多元化，使所有派别的公众更容易接受。"❶ 具体而言，其一，确立自由而平等沟通的基本原则；其二，宪法与制度安排应当保障公民与传媒自由，确立自由是法则而限制是例外的原则，表达自由不仅是表述意见，而且包括人民的知情权，政府有义务公开地为其任何对传播的干预进行辩论；其三，要反思现代国家主权，既反对无政府主义，又要以发展国家与超国家、国家公民社会与国际公民社会多元符合系统，以此来保障与促进信息流动与表达自由；其四，发展建立在后公民社会基础上的非国家的、多元的传媒交流体系，通过政治与法律制约，通过发展公共资金与社会自组织力量，通过创立政治上负责任的超国家控制实体，免受市场与国家的任意摆布；其五，怀疑存在最好的传播形式，承认存在的复杂性与多样性。"总之，最好是把这种公共服务模式看成是一个公开的、宽容的、富有活力的社会所必须具备的条件。在这种社会里，禁止最大的教条和各种正统，感谢存在着一种真正的沟通媒体的多元化，各种人和组织能够公开地表达他们的好恶，建议和想法。"❷ 基恩教授以其多元主义哲学，差不多消解了以前有关新闻自由的所有理论，强调多元地看待历史、社会和文化，认为"真正的多元主义是使地球上的所有公民不受秩序、进步、真理、历史、人性、自然、社会主义、个人主义、实用主义、民族、人民主权等束缚，让地球上的所有公民生活在比现代早期倡导者的民主与'新闻自由'更大的自由与平等的社会"。❸ 基恩教授的建设性批判并没有动摇，更没有取代洛克所确立的"生命、自由、财产"这些自然权利，而恰恰是这些权利有可能构成当今全球水平新闻交流之基本共识。从某种意义上讲，洛克政治哲学传统的智慧在于注重实际，弘扬实实在在的生命权和财产权，而其"自由"权利则阐述得相当大而化之。所有这一切，为全球新

---

❶　约翰·基恩. 媒体与民主 [M]. 刘士军，译. 北京：社会科学文献出版社，2003：110.

❷　同❶149。

❸　同❶155。

闻交流的"权宜之计"奠定了坚实而又开放包容的基础。❶ 在当今全球新闻专业主义道德伦理中，生命、自由、财产这些权利之所以如此突出，以至于为了在全球层面构建全球新闻专业主义道德伦理，很大程度上是因为在当今全球化语境中，道德与伦理之间的关系出现危机，呈现某种道德伦理相分离的现象，即鲍曼教授所谓的"无伦理的道德"，也就是出现需要以道德直接面对伦理抉择的情景。道德主要是本原的实践，伦理是依据规则的实践。个人权利本位正是当今全球新闻专业主义道德，全球新闻专业主义伦理则以此为基石。当代新闻专业主义历史性转型特征就在于，在很大程度上能够构成全球话语伦理共识或秩序的是生命、自由、财产这类最为基本的权利，而相应的伦理规范很难达成共识，于是"无伦理的道德"就成为当今全球新闻专业主义道德伦理的突出标记。

一般而言，新闻客观性等当然是新闻执业者应该时刻铭记于心与严格遵从的重要原则。但是，当对客观性的判断莫衷一是时，首先要保障新闻记者直面现实的"无伦理而道德"的新闻实践。在当今全球传媒存在形态与结构深刻转型之际，这一点尤为关系重大。这种根源于个体权利本位与"第四种权力"的个体自治是新闻传媒多元化的基础，也是新闻传媒机构之所以可以具有宪法特权的主要依据之一及其最重要的保障。亨姆弗·莱斯教授曾指出，在大众传媒体系中，多元主义与多样性是关键的概念。❷ 然而，两者相比之下，新闻记者的"无伦理而道德"的权利更为重要，其是新闻多元主义与多样性的活水源泉。在全球层面上，值得高度关注新闻社群的组织问题。要多元建立世界性的、区域性的新闻保障、支持、动员、交流、协调体系。一方面要充分依靠民族国家具有主导意义的合法性及其组织逻辑，在联合国框架内架构全球新闻组织，包括资助机构。台

---

❶ 约翰·格雷. 自由主义的两张面孔 [M]. 顾爱彬，李瑞华，译. 南京：江苏人民出版社，2002：117.

❷ HUMPHREYS P J. Media and Media Policy in Western Europe [M]. Oxford：Providence，2004：4-7.

郎·易昂教授所谓世界传媒银行就是一个值得思考的建议，❶ 不仅有利于突破目前全球传媒西方霸权格局，而且新闻工作者也可以借此获取支持。受到民族国家等强力支持的这类机构，可以为推动全球范围的新闻福利事业作出贡献。当今世界各区域、各国、各地传媒发达程度严重不平衡，建构全球传媒福利制度，对于促进全球新闻专业主义及其道德伦理具有重大意义。同时，多方面调动世界性、区域性、民族国家、地域性力量与全球诸多新闻社群及其个人的自主性，促成世界性新闻工作者的联合组织，以与联合国之下的相关组织形成多元协调，共同促进全球新闻专业伦理道德的发展，以更好地更多样化地服务于世界各国的新闻事业，服务于人类的进步事业，真正突破目前西方中心主义的全球新闻传媒格局。❷ 总而言之，在当前世界多层次多方位深刻全球化的历史性语境中，有必要在各层面设置一些全球新闻专业主义道德伦理的具体规范，如新闻传媒及其专业人员的社会责任与问责、真理与客观性、隐私与公共性等。但最为根本的是，思考全球新闻专业主义如何可能的元问题，在先设定生命、自由、财产等最为基本的个体自然权利，并且为此而进行某种制度安排，以便从策略上保障全球新闻专业主义之逐步形成。

第二节　政府角色调整：发布方式变化

——以新浪微博在中国的传播为例

2009 年 8 月，中国新浪微博正式公测，名人微博、草根博客迅猛发

---

❶ TEHRANIAN, M. Peace Journalism：Negotiating Global Media Ethics [J]. The Harvard International Journal of Press/Politics，2002，7（2）：58-83.

❷ 郑涵. 跨文化视野：全球新闻专业主义之反思 [M] //单波，石义彬，刘学. 新闻传播学的跨文化转向. 上海：上海交通大学出版社，2011：243.

展。随后，从玉树地震到舟曲泥石流，从宜黄强拆到温州钱云会事件，从南京化工厂爆炸到上海静安大火，在灾难事件发生的第一时刻，微博都以其独特的媒介属性脱颖而出、介入报道，打破了人们惯常通过电视、报纸和网络的媒介依赖结构，由此，2010 年成为"微博元年"。2011 年温州"7·23"动车事件之后，微博更是被贴上了方便、快捷、高效的标签。与此同时，对于"网络问政"日益重视的政府机构和官员也与时俱进，从2011 年 5 月 19 日到 11 月 28 日，北京、重庆、天津和上海已全部入驻新浪微博。至此，中国微博用户数激增。也就是说，人们已经越来越依赖微博获取信息、表达意见。南京大学周宪教授认为，媒介技术正在转化成文化的生产、流通和接受方式，媒介作为一种文化的技术逻辑和力量，塑造着大众的文化习性。在这个媒介化的过程中，主体不断地适应媒介，（人类）从互动的面对面交流，转向单向的面对媒介的交流。借用这一"媒介化"的概念，应该说当日常生活中微博已经成为一种普遍使用的媒介形式，也就意味着中国已经开始进入了"微博化"的时代。

一、微博的传播机制分析

一是开放、即时的信息发布。根据中国第 28 次中国互联网络发展状况统计报告，从 2010 年开始，网民增长率开始降低，网民增长乏力，但微博用户数量则呈现爆发式增长，这主要归功于移动互联技术、无线通信技术的发展，网民可以随时随地通过手机、即时通信工具或第三方更新、浏览、回复、评论。由于多数微博的发布字数都是 150 字以内的微内容，不需要长幅的格式化信息，内容便于编辑，微博就具有了即时性和便捷性的特征，即任何一个人在任何时候都可以发布信息。同时，由于 150 个字的字数限制，发布者不可能进行起承转合的精巧构思，而必须在这短小的文本中将最核心的事件或者观点集中表达出来，引起关注和达到传播效果，因此，在某种意义上说，微博发布对于全民来说是一种新闻导语式的写作训练。一方面，它颠覆了传统媒介报道只有记者和媒体才是新闻报道的节点和把关功能；另一方面，它还使得诸如新闻周期这些传统媒体所必须面对的问题不复存在。尤其在应对突发性灾难事件之际，微博更是具有传统媒体所无法比拟的快速反应能力和便捷播报能力。如果说此前网络媒体的主角是门户网站、论坛和博客，那么，在 2010 年的数次重大灾情面前，手机和网络的无缝对接，以超实时的信息传递能力，在分秒必争的灾情救助中脱颖而出。例如，舟曲泥石流发生的最初时刻，传统媒体无法到场，一位舟曲人用手机于 2010 年 8 月 8 日早上 8 点 57 分在新浪微博上发布了第一张关于这场灾难的照片并配上简短信息，无意间成为关于舟曲泥石流的第一篇图文报道，被网友誉为"报道灾情第一人"。同样，无论是南京化工厂爆炸还是上海静安大火，第一时间传递出信息的这是普通用户手中的微博。微博的这一特征被人称为"4 任何"特性：anyone（任何人）、any-time（任何时候）、anywhere（任何地点）和 anytime（任何方式）。由此，作为一种新媒体传播形式，微博显示出了巨大的传播效能。

　　二是观点、情绪的内容表达。在美国新闻史家们称为"党派报纸的黑暗年代"里，美国的政党报纸蜕变成为政党之间相互攻讦和辱骂的工具，事实捕风捉影，观点肆意拼凑。比如为打击华盛顿，佛里诺主办的《国民公报》竟任意给他加上什么"卖国贼""强盗"之类的恶名，以至于杰弗逊总统悲叹："现在报上所刊登的全不足信，真理一旦落到这些肮脏的机关报的手上，也就成了可疑的东西。"当时资产阶级报人中的有识之士意识到广大读者最关心、最注重的是新闻事实，而不是借以发挥的观点。于是，1900 年美联社提出了"报道事实，而不报道意见"的原则，它要求记者"不党不私，平衡公正"，新闻报道必须客观公正，由此奠定了西方新闻报道客观性的基础。在我国新闻史上，清末《时务报》主笔、著名学者梁启超也在 1903 年提出了"报之以客观"的主张，民国初年的名记者黄远生则进一步提出"力变其主观的态度，而易为客观"。事实上，不报道意见并不见得就客观，因为报什么不报什么的选择本身就是一种立场、观点和意见。陆定一认为，新闻是新近事实的报道❶，中国的新闻界也长期奉此为圭臬，在媒体的实践中，只负责事实，不报道观点也成为遵循新闻客观性和新闻专业主义的荣耀。事实上，从福柯的话语角度来看，新闻的意义还在于建构现实权力关系变动的话语，它决定了是谁在场，谁的声音能被听到，是意见和观点的呈现和反映。禁止、沉默和不存在就是三种常见的压制方式。❷ 尤其在微博传播中，事件性信息发布就更成为一种态度，转发则是一种观点表达与影响传递，评论属于意见附加与影响强化的过程。除此之外，情绪信息本身通常也成为微博传递的主体内容，调查显示，微博用户使用微博记录心情的比例达到 52.17%。情绪本身有极强的感染性经微博传播，很容易酝酿出类似于集会事件中的群体情绪。总之，无论是评论、转发或情绪传达都是基于一种立场和态度，有学者认为微博的兴起预示了公民新闻时代的到来。应该说，微博所反映的更多是一种态度的表达与情绪的宣泄，而非仅仅一种理性的事实。它要求其情感诉求得到尊重，而非一定要求得事情的解决。

三是点对面的关系传播。与传统媒体一对多的线性传播模式不同，微博的网状传播方式可以实现一对一、一对多、多对一、多对多的交互传播；与QQ、MSN这类"点对点"的传播方式不同，微博是一种点对面的即时通信。每个人都是媒介，每个人都是传播者。同时，由于微博的低准入门槛、自主性更强及交互更便捷，微博发布者和其"粉丝"之间形成了重重叠叠的关系交织，事实上，微博就是一种本质上基于社会关系网络而进行的传播。在最初的第一级传播中，博主发的任何文字、图片和链接都可以及时让其"粉丝"分享，接受该内容的微博用户又可以进行转发和分享，形成对他本身"粉丝"的"次级传播"。这样一来，一条具有分享价值的内容便在层层转发中达至数量巨大的接收者，实现了人际传播、群体

❶ 陆定一. 我们对于新闻学的基本观点 [M] //复旦大学新闻系. 中国报刊研究文集. 上海：上海人民出版社，1962：32-41.

❷ FOUCAULT M, DINI R. The History of Sexuality：The Will to Knowledge [M]. London：Penguin, 1998 (1), 5-6.

传播、组织传播和大众传播的兼容，产生了"核裂变式的规模传播效应，造成了巨大的社会影响力。借助微博的关系传播，每个人都像装上了自己的麦克风，极大调动了个体的社会动员能力，形成了一个社会场域的围观结构，建立了一个机会相对均等、权力相对平衡的舆论平台和对于真相追逐的公共空间，以现场直播的方式第一次实现了向社会向政府进行"喊话"的功能。

概言之，在传播科技日益进步的现代社会，人们的交流和互动对技术媒体的依赖性越来越强，特定场所的人或发生的事件很可能受到来自不同时空的其他人或事件的影响，"在场与否"已不成其为社会互动展开的必要条件。与传统现实社会中面对面、脸对脸的人际传播模式不同，自由发布信息而可以选择不回应、表达情感诉求而不必担心受伤害，"身体缺场"成为微博传播的重要特征。同时，碎片化但全方位开放、即时的信息发布，观点、情绪的内容表达和点对面的关系传播共同构成了微博化的传播环境。

二、政府新闻发布角色调整

一是要做到理念确认：风险社会中信息第一时间发布。其实早在20世纪80年代德国社会学家贝克已经提出了"风险社会"的概念，认为"全球已进入风险社会时期"，他认为风险社会并不是特指某个具体社会和国家发展的社会形态，而是对目前人类所处时代特征的形象描绘，是一种正在出现的秩序和公共空间，代表着对可能的"未来社会"的警觉和表征性预测。在经济一体化和全球化加速推进的今天，中国社会同样处于风险社会的境况也同样在所难免，但与此同时，具有特殊国情的中国还面临着许多工业化国家已经基本得到遏制的传统风险，从这个意义上说，中国也已进入突发事件频发的风险社会。❶ 清醒地认识这一点，不恐惧、不怀疑，

---

❶ 夏玉珍，吴娅丹. 中国正进入风险社会时代 [J]. 甘肃社会科学，2007（1）：5.

正是中国政府应对突发事件进行新闻发布的前提。

2008 年，中国政府颁布了《政府信息公开条例》，制定了《外国常驻新闻机构和外国记者采访条例》，2010 年更是开始逐步建立中央和各地党委新闻发言人制度。政府本身的规定很明确、意图很清楚：一方面政府有责任和义务及时发布信息；另一方面是政府应对报道工作进行管理。也就是说，发布和传播信息属于处置突发事件工作的一个有机环节，并且应该是有效环节。因此，政府在突发事件发生时，应该首先及时公开发布信息，主动承担责任，避免流言传播，从传播源上抢占先机，树立政府诚信责任形象。2008 年汶川抗震救灾报道即属于这样的成功范例。在微博化的传播环境里，第一时间信息发布就显得尤为重要。

二是政府主体角色由利益相关者向利益协调者、平衡者的嬗变。政府新闻发言人应介入事件处理的全过程，第一时间进入现场，掌握第一手材料，参与事件的决策与处置，邀请相关责任方共同发布，成为第三方，实现从利益相关者到利益协调者、平衡者的转变，才能让公众接受以至信服。

三是方式转变，真诚沟通，从讲事实、摆道理到情绪抚慰。真诚沟通是危机公关的一条基本原则，政府新闻发布也是与公众沟通，说明事实真相，促使双方互相理解，消除疑虑与不安，它包含了诚实、诚意与诚恳三个方面。突发事件的发生常常意味着各种灾难、悲剧和伤亡，在发布中，体现人道主义，人本主义的关怀就是一种普遍的传播导向。所谓人文关怀就是对人的生存状况的关怀、对人的尊严与符合人性的生活条件的肯定。具体来说，在任何发布场合，政府官员都应该在第一时间对人员的伤亡和因突发事件给人民造成的其他不便和痛苦表达和体现出关心、同情和怜悯，这是诚实的表示。与此同时，新闻发布中对事件过程进行描述时应充分体现对生命的尊重，切忌态度上的冷漠和麻木，这是诚意的体现。在发布中提醒和建议媒体记者，在寻找、采访或拍摄遭遇悲惨或悲痛者时，应敏感体恤，要认识到收集和报道信息可能对他们造成伤害或不适，这也是诚恳与诚意。❶ 2011 年 3 月 11 日，日本本州岛东北部发生地震、海啸和核泄漏事故后，有谣言说日本核辐射将造成海水污染，从而很快引发了上海、杭州、南京等地的碘盐、碘片抢购风潮，一度造成了广大群众的心理恐慌。突发事件发生的时候，受众关心的焦点在于心理安全与情绪保证，而非事件本身，因此为稳定民心，上海市政府有关部门立即召开新闻发布会，向媒体解释食用的碘盐主要来自内陆的矿盐和湖盐，上海的碘盐储备充足，市民完全可以放心。❷ 碘盐抢购风潮的化解，成为上海处理公共危机事件的典范之作。当真相还没有呈现的时候，立场、价值认同背后的情感认同才是最主要的。因此，从单纯的讲事实，摆道理到重视当事人的情感诉求进行情绪抚慰兼顾当事人情绪、社会情绪和媒介情绪是政府新闻发布应该重视的一个转变。

社会意识多元、舆论多元是经济多元化转型的必然结果，是社会生活多样化在观念形态上的反映，是中国现代化在社会意识领域引起的重大变化。❸ 政府新闻发布的一个重要功能就是要为人们基于信息获知的价值判断提供公众交流平台，在很大程度上降低社会发生冲突的可能性，增进人们对于异质文化及多元社会诉求的宽容和理解。多元表达、舆论宣传不一律与和谐社会的理念并不相悖，而且正相吻合，更能促进政府和国家形象的改善和提高。

第三节　传播效果衡量：功能对等策略

功能对等理论最早由美国翻译家尤金・A. 奈达于 1964 年出版的著作

---

❶ 孟建. 突发公共事件的新闻发布与舆论引导研究 [J]. 中国应急管理，2011（9）.
❷ 刘昕璐. 食用盐上海绝对管够 [N]. 青年报，2011-03-18.
❸ 胡思勇，社会和谐与媒介责任 [J]. 新闻战线，2009（1）.

《翻译科学探索》中提出。从社会语言学和语言交际功能的角度出发，奈达认为"在翻译中，译者所关注的是一种动态关系，即译语接受者和译语信息之间的关系应该与原语接受者和原文信息之间的关系基本相同"，也就是说，翻译应使译文文本的读者基本上能以原文读者理解和欣赏的方式来理解和欣赏译文，因此，功能对等理论刚开始被命名为动态对等理论。这一理论着重强调语言交际中的交际效果对等，摒弃了"文本中心论"的主张，对一直受忽视的译文读者给予了更多重视，从而动摇了盛行于当时的"形式对等"。而后，奈达进一步认为，从翻译的内容和结果来看翻译活动进行得是否成功，"功能"二字更能意味着视翻译为一种交际形式，"功能"比"动态"的表述更合理，不仅如此，奈达还将信息论应用于翻译研究，认为"翻译就是文化交际"，在交际中起不到沟通交流作用的译文，译文接受者看不懂，或译语接受者看后与原文读者的反应明显不同，翻译任务就不能算作成功，翻译结果也就不能认可。❶ 1986 年，奈达在其出版的论著《从一种语言到另一种语言》中基于社会符号学的翻译理论，将语言看作是一种符号现象，结合所在社会环境进行解释，强调与译文有关的一切都具有意义，功能对等理论就此定名。奈达通过自己自身的翻译实践和理论，研究明确主张：翻译应以目的语和目的语文化为依归，以译文和译文读者为中心，译意则是翻译理论的核心。总而言之，奈达的功能对等理论最大的贡献在于建立了一种新闻的翻译评价标准：翻译的准确与否取决于译文读者反应与原文读者反应是否达到最大程度的对等，并同时考虑译文所处的背景及文化因素。值得一提的是，奈达的功能对等理论的提出也与 20 世纪 70 年代西方译界翻译研究的"文化转向"紧密相关。这次"文化转向"直接形成了面向译入语文化的文学学派翻译理论，开拓了翻译研究的新空间，使得人们对翻译的理解从传统的字面意思逐步发展为文化内涵的翻译。正如乔治·斯坦纳所说"一种形式的翻译同时也是一种文化的交流，这种交流可以是垂直的，也可以是水平的，但有一点是肯定

---

❶ 李文革. 西方翻译理论流派研究 [M]. 北京：中国社会科学出版社，2004：112-119.

的，那就是交流的内容必须是文化意义"。斯内尔·霍恩比说过"对于处在某个特定时代，操某种特定语言及处在某种特定文化中的读者而言，文学翻译和其他任何一种类型翻译的目的都是一致的，都是为了不同文化之间的交流"。

"功能对等理论"首先肯定了不同文化差异的存在，尽量做到求同存异。西班牙学者斯蒂芬·道尔曾对文化作过一个较为全面的定义，他认为文化是由表层、中层和深层三个层次所构成。表层文化主要指人类的各种有形产品，如语言、饮食、建筑和艺术品等；中层文化主要表现为人们的行为规范和价值观，如交往中的行为举止、待人接物的方式、对孰好孰坏的判断等；深层文化主要是指人们的基本判断，如什么是美，如何看待生活等。由此，我们可以把中国国际新闻的传播接受效果分为浅层传播、中层传播和深层传播。所谓浅层传播对于传播主体来说就是在不了解对象文化和心理的基础上，以直译的方式直接按照对象的语言传播；对于受传者就是传播仅作用于受传者的感觉、知觉层次，受传者只是感知消息与新闻，并没有思索或行为改变，衡量指标是受传者对传播内容的"知晓度"。中层传播意味着传播主体要考虑受传者一般的行为规范与态度，意味着传播要作用于受众的感知觉并影响其思维、情感判断，衡量指标包括了受众对于传播内容的"知晓度""理解度"和"赞同度"。而深层传播则要求传播主体要深刻了解传播对象的审美心理与判断，要求传播作用于受众的感知觉、思维、情感，更进一步影响其意志甚至个性（人格）及心理品质，衡量指标也需要加上"支持度"和"信奉度"。

在目前的融合传播情境下，中国国际新闻的传播要逐渐向中层传播和深层传播过渡，这样才能达到比较良好的传播效果，一定程度上扭转中国在国际新闻传播格局中的"泛政治化"逻辑困境，❶具体来说，主要有以下三点。

一是要不断完善和调整中国国家理念。国家理念是国际新闻传播的决

---

❶　崔守军. 中国国际传播的逻辑困境与模式转换［J］. 国际展望，2010（6）.

定因素，国家理念的不同决定了对外传播的内容，因此，持有什么样的国家理念对于一国的国际新闻选择、解读及对外传播行为来说具有至关重要的意义。良好的国家理念应该做到国家和社会的良性互动。二者都能做到遵守强制性规范和非强制性规范的结合，"在人类社会发展的整个过程中，强制性规范与非强制性规范始终以不同的结合形式对社会生活进行调节、约束和整合。两者之间的关系是一个不断相互作用和相互转化的过程"。在此基础上，国家和社会得以良性互动，良好的国家理念才能体现。同时，国家理念还是国家形象的表征，属于一个国家政治价值观的理论表述。更重要的是，完善、清晰的国家理念是一个国家进行国际新闻表达和对外传播的重要工具。中国要想在国际新闻的传播中准确地表达自我、构建良好的国家形象，一种完整、完善的国家理念不可或缺。

二是要转变国际新闻的媒介话语转变，增强话语主导权。所谓媒介话语，就是媒介说话的方式。媒介说话的方式由所表达的基本内容制约，但在一定的情况下，媒介的表达方式存在自我操作的空间，也就是说，同样的内容，可以有不同的表达方式，表达方式的转变背后隐藏的是新闻传播理念的转变。要想让国际传播中的文本信息高效传播，达到预期的投射效果，必须注重文本信息的"国际化"和"标准化"。国际新闻传播既要认清传播对象，熟悉受众心理，做到"内外有别"，又要做到"外外有别"，对不同国家的跨文化的受众有所研究，有针对性地调整传播策略，而不能只是依据对象国语言进行直接传播。一个主权国家对另一个主权国家发生事件的报道行为及背后隐藏的态度就属于意识形态，一国信息传播的话语方式只有在与外部受众的信息编码、释码、译码方式相吻合的情况下，使用国际传播规范词语，才能引起受众方的共鸣，取得预期的效果，因此应该尽量少用带有意识形态的话语，在传播内容的选择上，要做到本国信息与关怀全球利益的紧密结合。对于作为传播主体的国家（政府），在国际事务与国际新闻的处理中要坚持本国利益也要关照全球公共利益，在二者的平衡中对国际事务发出自己的声音；大众媒介在传播内容的选择上要防止成为狭隘民族主义的吹鼓手，要坚持专业主义的新闻立场，提高国际传播力，实现国际对接。

三是要实现多元主体对等沟通、加强公共外交、发挥人际传播作用。从传播主体角度而言，传统的传播主体主要是政府和政党，现在则要更多依赖和发挥非政府组织、大众个体的积极作用，变政府角度的单向"宣传"为人际传播的互动"沟通"，孵化多元沟通机制，形成非政府组织、民众及网民的对等沟通渠道，变新闻为交流，增强交流的多元性和互动性，实现向公共外交的转变。公共外交是以公众需求为导向的外交形态，也是一种新闻传播的有效方式，公共外交的对象是广大国际公众。一些西方民众对于中国国际新闻或对外传播的质疑是由于对传统国家媒体的印象不佳，同时对中国缺乏基本的了解，知识和信息来源主要借助西方媒体，容易形成刻板印象。因此，在国际新闻传播中，做好公共外交是对外传播的一个重要渠道，传播效果也往往比较好。同时，在国际传播中，除政府、国际组织、非政府组织外，从事国际交流的个人作为国际传播的主体起到越来越重要的作用。应该说，在各种传播类型中，人际互动交流的效果最为明显，人与人之间的接触所形成的个人体验更具真实性和说服力。增强人与人之间一对一的了解与交流也是提高国家新闻传播力的方式之一。同时，充分利用人际传播的优势，用人类对美好事物的共同热爱，有助于消除误解，营造和平的环境，帮助对象国人民形成对本国形象的正确识别，对于中国国家主体的形象建构也具有重大推动作用。

最后，要善于进行突发事件和预定议程内媒介事件的新闻传播。融合传播情境中，针对突发事件和群体性事件，中国逐步建立了新闻发言人制度，建立了危机事件和群体性事件的应急预案，颁布了《中华人民共和国信息公开条例》，基本上使信息发布成为常态。但政府还要主动进一步转变自身角色，弱化管理功能，将提供公共服务和监督市场秩序的职能提到重要位置。而对预定议程内重大事件，由于传播主体能够拥有足够的时间准备、布置和安排，传播主体可以根据事件的发展制定相应的传播预案。

借助媒介事件进行对外传播，中国无疑已经积累了诸多成功经验。但对内对外传播的良好效果是基于媒介事件发生前后的短期效果而言，如何达成中国预定议程内媒介事件的长期效果，则需要做到公民社会的良性互动、转换媒介话语方式，实现多元主体沟通，重视人际传播和文化传播，逐步减少国际新闻传播中的不协调现象，提高中国国际新闻传播的传播力与公信力，最终提升中国的国家形象。

参考文献

［1］阿尔文·托夫勒. 未来的冲击［M］. 孟广均，吴宣豪，黄炎林，等，译. 北京：中信出版社，2006.

［2］埃德温·埃默里，迈克尔·埃默里. 美国新闻史［M］. 金琥，张黎，译. 北京：新华出版社，1982.

［3］埃弗雷特·罗杰斯. 传播学史——一种传记式的方法［M］. 殷晓蓉，译. 上海：上海译文出版社，2005.

［4］爱德华·霍尔. 超越文化［M］. 何道宽，译. 北京：北京大学出版社，2010.

［5］鲍婕. 微博的受众心理研究［G］. 2011.

［6］本·巴格迪坎. 传播媒介的垄断［M］. 林珊，王泰玄，于华，译. 北京：新华出版社，1986.

［7］布雷恩·S. 布鲁克斯. 新闻报道与写作［M］. 范红，译. 北京：新华出版社，2007.

［8］陈家定. 全球化与身份危机［M］. 开封：河南大学出版社，2004.

［9］程曼丽. 国际传播学教程［M］. 北京：北京大学出版社，2006.

［10］崔守军. 中国国际传播的逻辑困境与模式转换［J］. 国际展望，2010（6）.

［11］丹尼斯·朗. 权力论［M］. 陆震纶，郑明哲，译. 北京：中国社会科学出版社，2001.

［12］丹尼斯·麦奎尔，斯文·温德尔. 大众传播模式论［M］. 祝建华，译. 上海：上海译文出版社，1987.

[13] 单波. 跨文化传播的问题与可能性 [M]. 武汉：武汉大学出版社，2009.

[14] 单波. 新闻传播学的跨文化转向 [M]. 上海：上海交通大学出版社，2011.

[15] 邓国胜. 非营利组织评估 [M]. 北京：社会科学文献出版社，2001.

[16] 杜骏飞. 沸腾的冰点——2009 中国网络舆情报告 [M]. 杭州：浙江大学出版社，2010.

[17] 恩斯特·卡希尔. 国家的神话 [M]. 范进，等，译. 华夏出版社，1999.

[18] 冯丙奇. 社会性媒介传播环境中的议题互动模式分析 [M] //黄楚新. 媒介融合背景下的新闻报道. 杭州：浙江大学出版社，2010.

[19] 高国希. 道德哲学 [M]. 上海：复旦大学出版社，2005.

[20] 高宪春. 微议程、媒体议程与公众议程 [J]. 南京社会科学，2013（1）：100-106.

[21] 格雷姆·特纳. 普通人与媒介 [M]. 许静，译. 北京：北京大学出版社，2011.

[22] 哈贝马斯. 公共领域的结构转型 [M]. 曹卫东，王晓钰，刘北城，等，译. 上海：学林出版社，1999.

[23] 韩向前. 传播心理学 [M]. 南京：南京出版社，1989.

[24] 郝雨. "世界图景"——新闻学哲学化研究的一个核心概念 [J]. 新闻传播研究，2005（2）：10-13.

[25] 何威. 网众传播 [M]. 北京：清华大学出版社，2011.

[26] 胡思勇，社会和谐与媒介责任 [J]. 新闻战线，2009（1）.

[27] 胡泳. 众声喧哗 [M]. 桂林：广西师范大学出版社，2008.

[28] 黄旦. 中国新闻传播的历史建构：对三个新闻定义的解读 [J]. 新闻与传播研究，2003，10（1）：24-37.

[29] 蒋亚平. 中国新媒体形势分析 [J]. 新闻大学，2001（1）：96.

［30］卡罗尔・里奇. 新闻写作与报道训练教程（第6版）［M］. 钟新，
王春枝，译. 北京：中国人民大学出版社，2012.

［31］克利福德・格尔兹. 文化的解释［M］. 韩莉，译. 南京：译林出版
社，2008.

［32］库尔特・考夫卡. 格式塔心理学原理［M］. 黎炜，译. 杭州：浙江
教育出版社，1997

［33］匡文波. "新媒体"概念辨析［J］. 国际新闻界，2008（6）：4.

［34］李明伟. 知媒者生存——媒介环境学纵论［M］. 北京：北京大学出
版社，2010.

［35］李文革. 西方翻译理论流派研究［M］. 北京：中国社会科学出版
社，2004.

［36］李武. 面对国外不实言论 中国毛皮产业逆境突围［J］. 中国纺织，
2005（05）：96-97.

［37］李永刚. 网络扩张对后发展国家政治生活的潜在影响［J］. 战略与
管理，1999（5）.

［38］廖祥忠. 何为新媒体？［J］. 现代传播：中国传媒大学学报，2008
（5）：121-125.

［39］刘昌明. 全球化与当代国家政治职能［M］. 济南：山东大学出版
社，2006.

［40］刘国强. 从国际传播到全球传播的范式转换［J］. 新闻爱好者，
2010（5）：6.

［41］刘继南，周积华，段鹏，等. 国际传播与国家形象［M］. 北京：北
京广播学院出版社，2002.

［42］刘笑盈，贺文发，等. 俯视到平视：外国媒体上的中国镜像［M］.
北京：中国传媒大学出版社，2009.

［43］刘笑盈. 国际新闻史的历史分期与研究课题刍议［J］. 现代传播：
中国传媒大学学报，2005（2）：5.

[44] 刘笑盈. 国际新闻史研究论纲 [M] //徐琴媛，蔡帼芬. 国际新闻与跨文化传播. 北京：北京广播学院出版社，2003.

[45] 刘笑盈. 国际新闻学：本体、方法和功能 [M]. 北京：中国广播电视出版社，2010.

[46] 刘昕璐. 食用盐上海绝对管够 [N]. 青年报，2011-03-18.

[47] 娄成武，刘力锐. 论网络政治动员：一种非对称态势 [J]. 政治学研究，2010（15）：8-12.

[48] 陆定一. 我们对于新闻学的基本观点 [M] //复旦大学新闻系. 中国报刊研究文集. 上海：上海人民出版社，1962.

[49] 栾轶玫. 新媒体新论 [M]. 北京：人民出版社，2012.

[50] 罗青. 新媒体传播 [M]. 北京：中国广播电视出版社，2011.

[51] 骆正林. 根据新闻把关原理规范政治信息传播 [J]. 同济大学学报（社会科学版），2011（6）.

[52] 马修·基兰. 媒体伦理 [M]. 张培伦，郑佳瑜，译. 南京：南京大学出版社，2009.

[53] 迈克尔·E.罗洛夫. 人际传播：社会交换论 [M]. 王江龙，译. 上海：上海译文出版社，1997.

[54] 孟建. 突发公共事件的新闻发布与舆论引导研究 [J]. 中国应急管理，2011（9）.

[55] 彭兰. 网络传播学 [M]. 北京：中国人民大学出版社，2009.

[56] 皮埃尔·布迪厄，华康德. 实践与反思：反思社会学导引 [M]. 李猛，李康，译. 北京：中央编译出版社，1998.

[57] 皮埃尔·布迪厄. 文化资本与社会炼金术 [M]. 包亚明，译. 上海：上海人民出版社，1997.

[58] 任孟山. 信息空间和地理空间：网络传播与国家主权的张力 [J]. 现代传播：中国传媒大学学报，2011（6）.

[59] 邵培仁. 传播学 [M]. 北京：高等教育出版社，2000.

[60] 申凡，戚海龙. 当代传播学［M］. 武汉：华中理工大学出版社，2000.

[61] 斯坦利·巴兰，丹尼斯·戴维斯. 大众传播理论：基础、争鸣与未来［M］. 曹书乐，译. 北京：清华大学出版社，2008.

[62] 斯图尔特·艾伦. 新闻业：批判的议题［M］. 纪莉，石义彬，译. 武汉：武汉大学出版社，2011：431.

[63] 特雷·伊格尔顿. 二十世纪西方文学理论［M］. 伍晓明，译. 北京大学出版社，2007.

[64] 托伊恩·A.梵·迪克. 作为话语的新闻［M］. 曾庆香，译. 北京：华夏出版社，2003.

[65] 王冰. 北美媒介环境学的理论想象［M］. 北京：光明日报出版社，2010.

[66] 威尔伯·施拉姆，威廉·波特. 传播学概论［M］. 陈亮，李启，周立方，译. 北京：新华出版社，1984.

[67] 威廉·托马斯. 不适应的少女——行为分析的案例和观点［M］. 钱军，译. 济南：山东人民出版社，1988.

[68] 沃尔特·李普曼. 公众舆论［M］. 阎克文，江红，译. 上海：上海人民出版社，2006：229.

[69] 沃纳·J.赛佛林，詹姆士·W.卡德. 传播理论——起源、方法与应用［M］. 郭镇之，译. 北京：中国传媒大学出版社，2009.

[70] 吴忠泽，李勇，邢军. 发达国家非政府组织管理制度［M］. 北京：时事出版社，2001.

[71] 夏玉珍，吴娅丹. 中国正进入风险社会时代［J］. 甘肃社会科学，2007（1）：5.

[72] 信息传播与受众心理［J］. 蒋蕴慧. 新疆新闻界. 1987（05）

[73] 熊伟. 跨文化交流视域中的群体间语言偏见理论［J］. 理论月刊，2011（9）.

[74] 徐斌.《道德经》言论的分类研究及整编［J］. 科技创新导报，2009

（33）：189-190.

[75] 杨宗元. 道德的理由 [M]. 北京：中国人民大学出版社，2009.

[76] 叶皓. 对温州高铁事故新闻发布的反思 [J]. 现代传播，2011（10）.

[77] 于慧洋. 多元主体博弈下网络言论自由法律规制研究 [J]. 现代交际，2019（20）：59-60.

[78] 郁建兴. 全球化：一个批评性考察 [M]. 杭州：浙江大学出版社，2003.

[79] 约翰·格雷. 自由主义的两张面孔 [M]. 顾爱彬，李瑞华，译. 南京：江苏人民出版社，2002.

[80] 约翰·霍恩伯格. 西方新闻界的竞争 [M]. 魏国强，译. 北京：新华出版社，1985.

[81] 约翰·基恩. 媒体与民主 [M]. 刘士军，译. 北京：社会科学文献出版社，2003.

[82] 约翰·欧文，希瑟·普迪. 国际新闻报道：前线与时限 [M]. 李玉洁，译. 北京：中国人民大学出版社，2012.

[83] 约翰·帕夫利克. 新闻业与新媒介 [M]. 张军芳，译. 北京：新华出版社，2005.

[84] 约书亚·梅罗维茨. 消失的地域——电子媒介对社会行为的影响 [M]. 肖志军，译. 北京：清华大学出版社，2002.

[85] 詹姆斯·S.科尔曼. 社会理论的基础（上）[M]. 邓云，译. 北京：社会科学文献出版社，1999.

[86] 张建中. 众筹新闻：网络时代美国新闻业的创新及启示 [J]. 现代传播，2013（3）.

[87] 张忆. 南方金银花谣言事件的传播学研究 [D]. 长沙：湖南师范大学，2015.

[88] 赵月枝. 帝国时代的世界传播：国家、资本和非政府组织力量的重

新布局［M］//徐琴媛，蔡帼芬. 国际关系与全球传播. 北京：北京广播学院出版社，2003.

［89］郑涵. 跨文化视野：全球新闻专业主义之反思［M］//单波，石义彬，刘学. 新闻传播学的跨文化转向. 上海：上海交通大学出版社，2011.

［90］中共中央马克思恩格斯列宁斯大林著作编译局. 马克思恩格斯选集（第一卷）［M］. 北京：人民出版社，2003.

［91］中国互联网信息中心. 第 28 次中国互联网络发展状况统计报告［R］. 北京：中国互联网信息中心. 2011.

［92］钟瑛，余秀才. 1998—2009 重大网络舆论事件及其传播特征探析［J］. 新闻与传播研究. 2010（4）.

［93］周永秀，毕研韬. 言外语境与文本解读［J］. 理论界，2007（11）：2.

［94］佐藤卓己. 现代传媒史［M］. 诸葛蔚东，译. 北京：北京大学出版社，2004.

［95］BAUMAN Z. Morality without Ethics［J］. Theory, Culture & Society, 1994（11）：1-34.

［96］DONALD S, MARXWELL M C, DAVID W, et al. Individuals, Groups, And Agenda Melding［J］. International Journal of Public Opinion Research, 1999（11）：2-24.

［97］FOUCAULT M, DINI R . The History of Sexuality：The Will to Knowledge［M］. London：Penguin, 1998（1），5-6.

［98］HUMPHREYS P J. Media and Media Policy in Western Europe［M］. Oxford：Providence, 2004：4-7.

［99］OWEN J, PURDEY H. International News Reporting：Frontlines and Deadlines［M］. Chichester：Wiley-Blackwell, 2009.

［100］RAO S, LEE S T . Globalizing Media Ethics? An Assessment of Universal Ethics Among International Political Journalists [J]. Journal of Mass Media Ethics, 2005, 20 (2-3): 99-120.

[101] REESE S D. Setting the Media's Agenda: A Power Balance Perspective [J]. Communication Yearbook, 1991 (14): 309-339.

[102] SAID E. Covering Islam: How the Media and the Experts Determine How We See the Rest of the World [M]. London: Vintage, 1981.

[103] SEMATI M. New Frontiers in International Communication Theory [M]. Maryland: Rowma & Littlefield, 2004: 12.

[104] TEHRANIAN, M. Peace Journalism: Negotiating Global Media Ethics [J]. The Harvard International Journal of Press/Politics, 2002, 7 (2): 58-83.

[105] WEAVER D H. The Global Journalists: News People Around the World [M]. New Jersey: Hampton Press, 1998.